LOS LIBROS D
ESPAÑOL PU
PERSONA V

Capacitación

Las 15 leyes indispensables del crecimiento
Las 17 cualidades esenciales de un jugador de equipo
Las 17 leyes incuestionables del trabajo en equipo
Desarrolle los líderes que están alrededor de usted
Cómo las personas exitosas crecen
Capacitación 101
Haga que su día cuente
Mentor 101
El mapa para alcanzar el éxito
Compañeros de oración
¡Vive tu sueño!
Corramos con los gigantes
El talento nunca es suficiente
Hoy es importante
El mapa para alcanzar el éxito

Actitud

Actitud 101
Seamos personas de influencia

El lado positivo del fracaso
Cómo las personas exitosas piensan
A veces se gana, a veces se aprende
Éxito 101
Piense para obtener un cambio
La actitud de vencedor

Liderazgo

Las 21 leyes irrefutables del liderazgo, edición 10° aniversario
Las 21 cualidades indispensables de un líder
Los 21 minutos más poderosos en el día de un líder
Líder de 360°
Desarrolle el líder que está en usted
Los 5 niveles de liderazgo
Solo oro
Buenos líderes hacen grandes preguntas
Cómo las personas exitosas dirigen
Liderazgo 101
Liderazgo, principios de oro
Liderazgo, promesas para cada día

CÓMO LAS PERSONAS EXITOSAS GANAN

JOHN C. MAXWELL

CÓMO LAS PERSONAS EXITOSAS GANAN

NEW YORK • BOSTON • NASHVILLE

Traducción: M&L Enterprises Group, LLC

Center Street
Hachette Book Group
1290 Avenue of the Americas
New York, NY 10104
www.centerstreet.com

Impreso en los Estados Unidos de América

WOR

Publicado originalmente como *A veces se gana, a veces se aprende* por Center Street, 2013

Primera edición: Mayo 2015
10 9 8 7 6 5 4 3 2

Center Street es una división de Hachette Book Group, Inc.

International Standard Book Number: 978-1-4555-8903-6

A Paul Martinelli, Scott Fay, y a los miles de adiestradores alrededor del mundo que son parte del equipo John Maxwell:

Ustedes comparten mi corazón.

Ustedes comunican mis valores.

Ustedes viven mi visión.

Ustedes añaden valor al prójimo más allá de mis esperanzas y mis expectativas.

Gracias por crear un legado para mí mientras aún estoy vivo para verlo.

CONTENIDO

AGRADECIMIENTOS

Gracias a:

Charlie Wetzel, mi editor;

a Stephanie Wetzel, mi gerente de medios sociales; y

a Linda Eggers, mi asistente ejecutiva.

1

Los que las personas exitosas conocen respecto a ganar

Mi amigo Robert Schuller preguntó una vez: ¿Qué intentaría hacer si supiera que no fracasaría? Esa es una gran pregunta, una pregunta que puede inspirar. Al oírla, las personas comienzan a soñar. Se motivan a arriesgar más y a esforzarse más por alcanzar sus metas.

Tengo una pregunta que considero igual de importante: ¿Qué usted aprende cuando fracasa? Las personas normalmente se aprestan a hablar de sus sueños, pero están menos dispuestos a contestar una pregunta respecto a sus deficiencias. A la mayoría de las personas no les gusta hablar acerca de sus errores y fracasos. Se sienten avergonzados por ellos. Y cuando ven que no han logrado lo que esperaban, se encuentran diciendo algo trillado como: "A veces se gana y a veces se pierde". El mensaje es: "Espere ganar, espere perder, y viva con los resultados cualquiera que sean".

¿Qué tiene eso de malo? ¡No es así como piensan los ganadores!

Las personas exitosas saben cómo convertir un revés

en un paso hacia adelante. ¿Cómo lo hacen? No tratan de huir de sus pérdidas. Aprenden de ellas. Siempre. Entienden que las mayores lecciones de nuestras vidas se aprenden de nuestras pérdidas, si las abordamos de la manera correcta. Los errores son aceptables, siempre y cuando el daño no sea muy grave. O como dicen en Texas: "¡No importa cuánta leche derrame, siempre y cuando no pierda su vaca!".

POR QUÉ LAS PÉRDIDAS DUELEN TANTO

En la vida, a veces se gana. Pero, en otras ocasiones, uno es derribado. La clave está en definir por qué fue derribado, aprender de ello, levantarse, y moverse hacia adelante. Así es cómo las personas exitosas ganan.

¿Ha oído alguna vez la frase: "Es tan sólo un juego"? Apuesto a que sí la ha escuchado; fue de boca de alguien que estaba perdiendo. A nadie le gusta perder. Piense en algunas de las pérdidas en su vida y en cómo le hicieron sentir. No muy bien que digamos. Y no es tan solo el dolor del momento lo que nos afecta. Nuestras pérdidas también provocan otras dificultades. He aquí algunas de ellas:

1. Las pérdidas nos provocan un estancamiento emocional

El autor y orador Les Brown nos dice: "Los buenos momentos los guardamos en nuestro bolsillo. Los malos momentos los guardamos en nuestro corazón". He descubierto que eso es una realidad en mi vida. En mi corazón, aun llevo algunos de los malos momentos.

Imagino que usted también lo hace. Las experiencias negativas nos afectan con mayor impacto que las positivas, y si usted es como yo, podría sufrir un estancamiento emocional. Tanto el temor como la ansiedad son emociones debilitantes para el corazón humano. También lo son las pérdidas. Las pérdidas pueden debilitarnos, aprisionarnos, paralizarnos, desanimarnos y enfermarnos. Para ser exitosos, tenemos que encontrar maneras para salir del estancamiento emocional.

2. Las pérdidas nos causan una derrota mental

Es innegable que nuestras vidas están llenas de pérdidas. En el transcurso de nuestras vidas como adultos, perdemos empleos y posiciones. Nuestra autoestima podría ser lacerada. Perdemos dinero. Se nos escapan oportunidades. Mueren amigos y parientes. ¡Y ni hablar de las pérdidas físicas que sufrimos con el pasar de los años! Algunas pérdidas son grandes; otras son pequeñas. Y las pérdidas que encaramos afectan nuestra salud mental. Algunas personas lo manejan bien, pero otras no.

La cualidad que distingue a las personas exitosas de personas similares pero no exitosas es la capacidad para manejar la decepción y la pérdida. El perder se nos va a la cabeza con demasiada frecuencia. Nos derrota, y se nos hace difícil encontrar soluciones a los retos que enfrentamos. Las pérdidas se vuelven una carga en la medida en que se van acumulando. Lamentamos las pérdidas del ayer. Los remordimientos socavan nuestras energías. No podemos construir sobre el remordimiento. El temor por el futuro nos distrae y nos llena de aprensión.

Queremos el éxito, pero en cambio deberíamos entrenarnos para las pérdidas.

Necesitamos esperar errores, fracasos y pérdidas en la vida, debido a que cada uno de nosotros enfrentará muchos de ellos. Pero tenemos que tomarlos según vengan, y no permitirles que se acumulen.

3. Las pérdidas crean una brecha entre lo que "debí hacer" y lo que "hice"

El ganar crea un ciclo positivo en nuestras vidas. Cuando ganamos, obtenemos confianza. Mientras más confianza tengamos, existe mayor probabilidad de que tomemos acción cuando sea necesario. Ese instinto de moverse del conocimiento a la acción, con frecuencia, resulta en el éxito.

Sin embargo, el perder también trae un ciclo a nuestras vidas: un ciclo negativo. Las pérdidas, en particular cuando se acumulan, pueden llevar a la inseguridad. Cuando estamos inseguros, dudamos de nosotros mismos. Nos lleva a titubear a la hora de tomar decisiones. Aun si sabemos lo que debemos hacer, estamos renuentes a hacerlo. Cuando tal brecha es creada y no es superada, el éxito se vuelve casi imposible.

Aquí hay once trampas en las cuales las personas tienden a caer:

- **La trampa del error:** "Tengo temor de hacer algo mal". Las pérdidas nos retrasan.
- **La trampa del cansancio:** "Estoy cansado hoy". Las pérdidas nos agotan.
- **La trampa de la comparación:** "Alguien está mejor calificado que yo". Las pérdidas nos causan sentirnos inferiores a los demás.
- **La trampa del tiempo:** "No es el momento correcto". Las pérdidas nos hacen titubear.
- **La trampa de la inspiración:** "No siento deseo de hacerlo ahora mismo". Las pérdidas nos desmotivan.
- **La trampa de la racionalización:** "Tal vez no sea tan importante". Las pérdidas nos llevan a perder la perspectiva.
- **La trampa de la perfección:** "Hay una mejor manera de hacer las cosas, y tengo que saberla antes de comenzar". Las pérdidas nos llevan a cuestionarnos a nosotros mismos.
- **La trampa de la expectativa:** "Pensé que sería fácil, pero no lo es". Las pérdidas agravan las dificultades.
- **La trampa de la justicia:** "No debería ser yo quien haga esto". Las pérdidas nos hacen preguntarnos: "¿Por qué a mí?".

- **La trampa de la opinión pública:** "Si fracaso, ¿qué pensarán los demás?". Las pérdidas nos paralizan.
- **La trampa de la autoimagen:** "Si fallo en esto, significa que soy un fracaso". Las pérdidas afectan nuestra autopercepción de manera negativa.

Todas estas trampas son causadas por las pérdidas, y todas crean una brecha entre el conocimiento y la acción. Si queremos ser exitosos, tenemos que cerrar esa brecha.

4. La primera pérdida no es siempre la mayor pérdida

Al experimentar una pérdida, encaramos una decisión. Si respondemos correctamente de inmediato, la pérdida se nos hace más pequeña. Sin embargo, si respondemos de la manera incorrecta, o si no respondemos, entonces esa pérdida se vuelve más grande. Y lleva, con frecuencia, a otras pérdidas. Esas pérdidas subsecuentes nos van a parecer cada vez más grandes al llegar, chocando contra nosotros como olas en una tormenta violenta. Mientras crece la cantidad de pérdidas, disminuye nuestra confianza en nosotros mismos.

Empeoramos la situación cuando nos comparamos a los demás, porque raras veces lo hacemos en igualdad de condiciones. O comparamos lo mejor de nosotros, incluyendo nuestras buenas intenciones, con lo peor del prójimo, o comparamos lo peor de nosotros contra lo mejor del prójimo. Eso puede llevar a un ciclo negativo de autodiscurso. Pero hay algo que tiene que saber:

La persona más importante con quien va a hablar es consigo mismo, así que tenga cuidado con lo que dice.
La persona más importante a quien evaluará es a sí mismo, así que tenga cuidado con lo que piensa.
La persona más importante a quien amará es a sí mismo, así que tenga cuidado con lo que hace.

En tiempos de pérdidas, pienso que es fácil envolverse en pensamientos de cómo pudiéramos haber hecho tal o cual cosa de manera distinta. Nuestro autodiscurso puede volverse muy negativo. Mientras más negativo se vuelve, más grandes nos aparentan ser nuestras pérdidas. Si nuestro autodiscurso es uno de ira, autodestructivo o trae consigo culpabilidad, nos volvemos menos capaces de escapar del ciclo negativo.

Si podemos sobreponernos pronto a una pérdida y no permitimos que se agrande, eso nos puede ayudar a movernos hacia adelante. Eso no resulta fácil de hacer todas las veces, pero aun alguien que haya enfrentado una gran pérdida puede aprender a hacerlo.

5. Las pérdidas nunca nos dejan igual

La cantidad o severidad de sus pérdidas no es tan importante como la manera en que experimenta esas pérdidas. Por supuesto que todas las pérdidas duelen. Y tienen un impacto en nosotros, un impacto que pocas veces suele ser positivo. Las pérdidas nos cambian. Pero no podemos permitir que nos controlen.

No podemos dejar que el temor de quedar como tontos o incompetentes nos paralice. No podemos dejar que el temor a las consecuencias negativas nos impida tomar riesgos. Permitir que las experiencias negativas del pasado distorsionen su futuro es como vivir en un ataúd. Le ponen una tapa encima que puede terminar con su vida.

¿Cómo se puede minimizar el impacto negativo de las pérdidas debilitantes? Lo primero es soltarlas emocionalmente. Si queremos superar la adversidad y evitar ser vencidos por nuestras pérdidas, tenemos que superarlas. Y después tenemos que aprender de ellas.

LAS PERSONAS EXITOSAS TRANSFORMAN LAS PÉRDIDAS EN GANANCIAS

Si va a perder—y lo hará, porque todos pasamos por eso—entonces, ¿por qué no convertirlo en ganancia? ¿Cómo se hace? Aprendiendo de ello. Una pérdida no es una pérdida total si aprende algo como resultado. Sus pérdidas pueden llegar a definirlo si usted lo permite. Si permanece en el lugar en donde le dejó la pérdida, puede llegar a estancarse allí. Pero puede decidirse a cambiar, crecer y aprender de sus pérdidas.

Por supuesto que eso no es necesariamente tan fácil. Una pérdida no se convierte en una lección a menos que trabajemos duro para hacer que así sea. Perder nos da una oportunidad de aprender, pero muchas personas no la aprovechan. Y cuando no lo hacen, perder *realmente* duele.

Aprender no es fácil durante los momentos de desánimo porque requiere que hagamos cosas que no son naturales. Es difícil sonreír cuando no estamos contentos. Es difícil responder positivamente cuando estamos paralizados por la derrota. Se necesita disciplina para hacer lo correcto cuando todo va mal. ¿Cómo podemos estar emocionalmente fuertes cuando estamos emocionalmente agotados? ¿Cómo nos enfrentaremos a otros cuando somos humillados? ¿Cómo volvemos a levantarnos cuando somos continuamente derribados?

He escrito este libro para dar respuesta a esas y otras preguntas sobre aprender de las pérdidas, porque creo que puede ayudarle. La mayoría de nosotros necesitamos a alguien que nos ayude a descubrir cómo hacer eso. Si ese es su deseo—convertirse en un aprendiz de las pérdidas—, necesita cambiar su manera de ver las pérdidas, cultivar cualidades que le ayuden a responder a ellas, y desarrollar la capacidad de aprender de ellas. Creo que puede usted hacer eso utilizando este mapa de ruta:

Cultive la humildad: El espíritu del aprendizaje
Enfrente la realidad: El fundamento del aprendizaje
Acepte la responsabilidad: El primer paso del aprendizaje
Procure la superación: El enfoque del aprendizaje

Promueva la esperanza: La motivación del aprendizaje
Desarrolle la educabilidad: El canal del aprendizaje
Venza la adversidad: El catalizador del aprendizaje
Espere los problemas: Las oportunidades del aprendizaje
Comprenda las malas experiencias: La perspectiva del aprendizaje
Abrace el cambio: El precio del aprendizaje
Benefíciese de la madurez: El valor del aprendizaje

Mi meta principal en la vida es añadir valor a las personas. Espero que este libro le añada valor a usted, enseñándole cómo aprender de sus pérdidas. ¡Así es cómo las personas exitosas ganan!

2

Cultive la humildad

El espíritu del aprendizaje

¿Ha notado cuán fácilmente las personas exitosas se recuperan de las pérdidas? ¡Aprenden de ellas y llegan a ser mejores que antes! Por otra parte, hay otras personas que parecen fracasar, caen y jamás se vuelven a levantar. Después que experimentan algo negativo, se puede ver que comienzan a descender en espiral. Y por más que quiera, no puede ayudarles. Sencillamente no aprenden de sus errores.

¿Cuál es la diferencia entre esos dos tipos de personas? No creo que se deba al tiempo, estatus social, el grado de adversidad ni a cualquier otra cosa que esté fuera de su control. La diferencia está en el interior. Es el espíritu del individuo. Aquellos que sacan provecho de la adversidad poseen un espíritu de humildad, y por tanto se inclinan a hacer los cambios necesarios para aprender de sus errores, fracasos y pérdidas. Marcan un contraste profundo con las personas altivas que no están dispuestas a permitir que la adversidad sea su maestra, y como resultado no aprenden.

EL ORGULLO PRECEDE A LA CAÍDA

Todos experimentan la adversidad. Algunas personas se vuelven humildes a causa de ella. Otros se endurecen. Y llevan ese espíritu consigo a donde quiera que van. Es trágico para aquellos que se permiten a sí mismos endurecerse, porque es bien difícil que una persona endurecida pueda aprender algo.

Ezra Taft Benton observó: "El orgullo se preocupa por quién lleva la razón. La humildad se preocupa por lo que es correcto". Esa es una descripción bastante precisa. El orgullo lleva a las personas a justificarse a sí mismas, aun cuando saben que están mal. ¡Y ése es tan sólo el comienzo! Observe el impacto negativo que el orgullo puede tener sobre una persona:

- **Culpa:** En lugar de tomar responsabilidad, las personas orgullosas culpan a los demás.
- **Negación:** En lugar de ser objetivos y realistas, se niegan a enfrentar la realidad.
- **Estrechez de mente:** En lugar de tener la mente abierta y ser receptivos, las personas orgullosas son defensivas y se oponen a ideas nuevas.
- **Rigidez:** En lugar de ser flexibles, las personas orgullosas son rígidas.

- **Inseguridad:** Las personas orgullosas se inflan a sí mismas y desinflan a los demás porque son inseguras.
- **Aislamiento:** En lugar de estar conectadas, las personas orgullosas se encuentran desconectadas, consigo mismas, con sus familias, su comunidad y sus clientes.

¿Se aplica alguna de esas descripciones a usted mismo? Lamento decir que no poseía la humildad requerida para llenarme de aprendizaje durante mis años formativos en el liderazgo. De hecho, era justo lo contrario: era orgulloso, competitivo y siempre quería ganar. Y cuando ganaba, era insoportable. Si vencía a alguien, le dejaba saber que había ganado. Y se lo decía a todos los que esa persona conocía. Ponía a todos ansiosos. Lo peor de todo era que ni siquira me daba cuenta. No me daba cuenta de lo incorregible que era hasta que alguien me regaló una camiseta que decía: "Es difícil ser humilde cuando eres tan grande como yo". Todos se rieron al presentarme la camiseta, pero en mi interior sentí la sospecha de que estaban intentando impartir una verdad a mi vida.

Luego fui a uno de los obsequiantes y le pregunté si en realidad yo era así.

"Sí", dijo ella, "así es usted. Pero le amamos y sabemos que puede cambiar".

Eso me abrió los ojos. Sus palabras gentiles

conectaron conmigo y me redarguyeron. Y decidí cambiar mi actitud, de experto a aprendiz.

Esa decisión se tardó en implementar, dos o tres años. La gente arrogante no se vuelve humilde de la noche a la mañana. Pero fue el principio de un cambio en mí, un deseo de interiorizar una humildad que hace posible el aprendizaje. Sigo teniendo confianza en mí mismo, pero trabajo todos los días para impedir que esa confianza se convierta en un impedimento a mi habilidad para aprender.

Usted podría ser una persona humilde que posee el espíritu de aprendizaje. Genial, de ser así. Pero si no, he aquí la buena noticia: usted puede cambiar. Si yo lo hice, usted también lo puede hacer. Si no está seguro en dónde usted está parado en cuanto a la humildad, si sus amigos no le han dado la camiseta, entonces esto le podría ayudar. Kirk Hanson, profesor universitario y director ejecutivo del Markkula Center for Applied Ethics en la Universidad de Santa Clara, brinda una lista de características que muestran los líderes que no son enseñables. Él dice que estas características son, con frecuencia, el talón de Aquiles de los líderes. Creo que también aplican a todo aquel que no posea el espíritu de aprendizaje. He modificado ligeramente sus puntos, planteándolos como preguntas para que usted pueda preguntarse cuál o cuáles le aplican.

- ¿Tiende a creer que usted lo sabe todo?
- ¿Tiende a pensar que usted debería estar al mando?

- ¿Cree algunas veces que las reglas no se aplican a usted?
- ¿Cree que no debería usted fallar?
- ¿Tiende a creer que realiza las cosas sin ayuda de nadie?
- ¿Cree que es usted mejor que otros que tienen menos talento o posición?
- ¿Cree que es usted tan importante o más importante que la organización?

Si responde que sí a muchas de estas preguntas, puede que no posea el espíritu de aprendizaje. Por favor, no se desanime. Si ha comenzado mal, no se preocupe. Puede cambiar. Recuerde que no se trata de cómo se comienza, sino de cómo se termina.

CÓMO EL ESPÍRITU CORRECTO LE AYUDA A APRENDER

La humildad es fundamental para todas las personas que aprenden de sus triunfos y pérdidas. Es una clave al éxito en el mayor nivel.

¿Qué?, podría estar pensando. *¡No estoy de acuerdo! ¡Puedo nombrar a una docena de personas que han logrado grandes cosas con actitudes arrogantes.* Yo también puedo nombrarlos. Pero, ¿qué *podrían* haber logrado si hubiesen tenido el espíritu de aprendizaje? Tal vez podrían haber sido aun más grandes. La humildad

abre la puerta al aprendizaje y hasta mayores niveles de logros. He aquí la razón:

1. La humildad nos permite poseer una perspectiva auténtica respecto a nosotros y a nuestras vidas

El autor y consultor empresarial Ken Blanchard dice: "La humildad no significa que piense menos de usted mismo. Significa que piense menos en usted". Perdemos la perspectiva cuando nos enfocamos demasiado en nosotros mismos. La humildad nos permite recuperar la perspectiva y ver todo el cuadro. Nos hace entender que aunque podríamos estar *en* el cuadro, no somos *todo* el cuadro.

Cuando poseemos un espíritu de orgullo en lugar de uno de humildad, ello nubla la forma en que nos vemos tanto a nosotros mismos como el mundo a nuestro alrededor. Cuando la falta de humildad nos hace estar en desarmonía interior, vemos desenfocado al mundo. ¿Cómo aprender cuáles son nuestras limitaciones o aquellas cosas que tenemos que aprender cuando no las podemos *ver*?

La humildad nos abre los ojos y amplía nuestra perspectiva. Como no estamos enfocados en justificarnos o en quedar bien, tenemos mejor juicio. La leyenda del béisbol Lou Brock dijo: "Muéstreme a un tipo que le tenga miedo a quedar mal, y le mostraré a alguien a quien siempre puede vencer". ¿Por qué? Porque sus ojos están cerrados a todo lo que le rodea.

Una autoperspectiva correcta es difícil de obtener y aun más difícil de retener. La humildad ayuda.

La humildad fomenta una agenda de ver las cosas como en realidad son, de aprender y del deseo de mejorar. Donde el orgullo fomenta las mentes cerradas y siempre busca justificarse, la humildad fomenta la apertura de la mente y el deseo de mejorar. La humildad pone las cosas en perspectiva, y si se lo permitimos, también nos ayuda a tener un mejor sentido del humor.

2. La humildad nos capacita para aprender y crecer ante las pérdidas

Cuando las personas son lo bastante humildes para tener una perspectiva clara y realista de ellas mismas, su visión es también clara y realista cuando enfrentan sus errores, fracasos y otras pérdidas. Su habilidad para ver las cosas con claridad les posiciona para aprender y crecer. El éxito no radica en eliminar nuestros problemas y errores, sino en crecer con ellos y a través de ellos.

¿Cómo aprende la persona humilde de sus errores? Haciendo una pausa y reflexionando. Creo firmemente que la experiencia no es la mejor maestra; sí lo es la experiencia evaluada. Los sabios humildes nunca le temen a admitir que se han equivocado. Cuando lo hacen, es como si dijeran que son más sabios hoy de lo que fueron ayer. Y por supuesto, esto conlleva otros beneficios laterales. Como dijo el gran novelista estadounidense Mark Twain: “Siempre reconozca sus faltas con sinceridad.

Esto sorprenderá a los que están en autoridad y le dará una oportunidad para cometer más".

Con frecuencia, los errores pueden ser nuestros mejores maestros. Si estamos dispuestos a admitir nuestros errores y aprender de ellos, obtenemos más conocimiento y sabiduría. Lo podemos hacer, si cada vez tomamos tiempo para reflexionar en ellos haciéndonos las siguientes preguntas:

¿Qué salió mal?
¿Cuándo salió mal?
¿Dónde salió mal?
¿Por qué salió mal?
¿Cómo contribuí yo a hacer que saliera mal?
¿Qué puedo aprender de esta experiencia?
¿Cómo aplicaré en el futuro lo que he aprendido?

Hacer tales preguntas puede ser un proceso lento e incómodo, particularmente para las personas enfocadas en la acción. Pero siempre rinde frutos. La humanidad está repleta de errores. La humildad nos permite aprender de ellos.

3. La humildad nos permite soltar la perfección y seguir intentando

Mi nieto John, hijo de mi hijo Joel y su esposa Liz, es un niño maravilloso. (¡Diría eso aun si no fuese mi nieto!) Es sumamente inteligente, pero también tiende a ser un poco serio y perfeccionista. Para ayudarlo con esto, sus padres le compraron un libro titulado *Mistakes*

That Worked [Errores que funcionaron] por Charlotte Fotz Jones. Lo leen juntos, y el libro le ayuda a entender que no tiene que ser perfecto para ser exitoso.

En el libro, Jones escribe:

> Llámense accidentes. Llámense errores. Incluso, hallazgo fortuito.
>
> Si se supiera la verdad, podríamos estar sorprendidos por la cantidad de grandes inventos y descubrimientos que fueron accidentales, no planeados ni intencionales.
>
> Los inventores mencionados en este libro no solo eran inteligentes, sino que estaban alertas. Es fácil fracasar y luego desistir de la idea por completo. Es más difícil fracasar, pero reconocer entonces otro uso para ese fracaso...
>
> Los inventores y descubridores mencionados en este libro nos deberían enseñar a todos la lección mejor expuesta por Bertolt Brecht en el 1930: "La inteligencia no es carencia de errores, sino evaluar rápidamente cómo hacerlos buenos".[1]

4. La humildad nos permite aprovechar nuestros errores al máximo

Esto nos lleva a la última manera en la que nos ayuda un espíritu humilde de aprendizaje: permitiéndonos aprovechar nuestros errores y fracasos al máximo. Cuando somos humildes, estamos abiertos a ver nuestros errores como posibilidades para la innovación y el éxito.

Si trae el espíritu correcto a su trabajo, puede convertir un error en una oportunidad. El éxito y la fama no siempre les llegan a las personas más talentosas. A veces, les llegan a las personas que pueden convertir la adversidad en una ventaja. O, como dice John Kenneth Galbraith: "Si todo lo demás falla, la inmortalidad siempre puede quedar asegurada por un error espectacular".

El novelista J. M. Barrie observó: "La vida de cada hombre es un diario en el cual se propone escribir una historia, y escribe otra; y su momento más humilde es cuando compara su obra escrita con aquella que se proponía escribir". Yo he experimentado eso. De muchas formas, me he quedado corto de lo que hubiera querido ser y hacer. Sin embargo, a la hora de comparar lo que quisimos hacer con lo que de verdad logramos, si somos humildes y estamos abiertos a las lecciones que la vida nos ofrece enseñar, aumentamos nuestras posibilidades de ser exitosos. Conscientes de que dimos nuestro mejor esfuerzo, tal vez podamos estar contentos con lo que hemos podido ser y lograr.

3

Enfrente la realidad

El fundamento del aprendizaje

Si queremos ser exitosos en la vida y aprender de nuestras pérdidas, debemos ser capaces de enfrentar la realidad y crear un fundamento para el crecimiento. Eso puede resultar sumamente difícil. Las personas que enfrentan experiencias horrendas, en ocasiones, pueden ser aplastadas por ellas. Pero cualquier pérdida, aun una pequeña, puede tentarnos a evitar la realidad. Podemos culpar a otras personas por nuestras circunstancias. Quizás racionalizamos o ponemos excusas. O podemos retirarnos a nuestro pequeño universo.

Si bien un escape de la realidad nos podría dar un alivio pasajero de nuestros problemas, la realidad es que es más fácil pasar del fracaso al éxito que de las excusas al éxito. Cuando perdemos de vista la realidad, rápidamente perdemos el camino. No podemos crear un cambio positivo en nuestras vidas si estamos confundidos respecto a lo que realmente está pasando. No puede mejorarse a sí mismo si se está engañando.

TRES REALIDADES DE LA VIDA

La realidad de cada cual es distinta. Sin embargo, hay algunas realidades que aplican a todos.

1. La vida es difícil

De alguna manera las personas piensan que la vida está supuesta a ser fácil. Esto es un problema particularmente aquí en los Estados Unidos. Esperamos un camino al éxito fácil y placentero. Esperamos que nuestras vidas estén libres de inconvenientes. Esperamos que el gobierno nos resuelva los problemas. Esperamos ganar el premio sin tener que pagar el precio. La vida es difícil.

No hay un camino rápido y fácil. Nada que valga la pena tener en la vida llega sin esfuerzo. Por eso es que el psiquiatra M. Scott Peck comienza su libro *The Road Less Traveled* [El camino menos transitado] con las palabras: "La vida es difícil". Quiere marcar la pauta para todo lo demás que comunica en su libro. Si no entendemos y aceptamos la realidad de que la vida es difícil, entonces nos posicionamos para el fracaso y no aprenderemos.

2. La vida es difícil para todos

Aun si estamos dispuestos a admitir que la vida es difícil para la mayoría de las personas, muchos de nosotros albergamos una esperanza secreta en lo más profundo de nuestro ser de que esta verdad no se aplique a nosotros. Lamento decirle que no es así. Nadie escapa a los problemas, fracasos y pérdidas de la vida. Si vamos a progresar, debemos hacerlo a través de las dificultades de la vida. O como lo dice el poeta Ralph Waldo Emerson: "El caminar del hombre es caer hacia adelante".

La vida no es fácil ni tampoco justa. A mí me han ocurrido algunas injusticias. Me imagino que a usted también. He cometido errores, he quedado en ridículo, he lastimado a personas que amo, y he experimentado grandes decepciones. Y me imagino que a usted también. No podemos evitar las dificultades de la vida. Ni siquiera debemos de intentarlo. ¿Por qué? Porque las personas que alcanzan el éxito en la vida no tratan de huir del dolor, de las pérdidas o de las dificultades. Simplemente aprenden a enfrentar estas cosas, aceptarlas y moverse hacia adelante a pesar de ello. Esa es mi meta. También debe ser la suya. Es así como las personas exitosas ganan.

3. La vida es más difícil para unos que para otros

En una viñeta de mis tiras cómicas favorita de *Rabanitos*, el afligido Charlie Brown derrama su corazón ante Lucy, quien está ubicada en su caseta psiquiátrica de cinco centavos la consulta. Cuando él le dice que está confundido respecto a la vida y hacia dónde dirigirse, ella le responde: "La vida es como una silla en una cubierta de un barco. En el crucero de la vida, algunas personas ponen sus sillas mirando hacia la popa del barco para poder ver dónde han estado. Otras personas ponen sus sillas hacia la proa; quieren ver hacia dónde van". Luego Lucy pregunta: "¿Hacia dónde está mirando tu silla?".

Seamos sinceros; la vida es más difícil para unos que para otros. El terreno de juego no está nivelado. Puede que usted haya enfrentado más y mayores dificultades en la vida que yo. Puede haber enfrentado menos. Su vida podría ir a toda máquina ahora mismo. O podría parecer estar navegando en aguas turbulentas. La vida no es justa, y no deberíamos esperar que lo sea. Mientras más pronto enfrentemos esa realidad, mejores seremos en enfrentar lo que venga hacia nosotros.

NO SE COMPLIQUE LA VIDA

Su vida ya podría ser difícil. La realidad es que, tanto usted como yo, tenemos que enfrentar esas realidades no importa lo que venga. Una de las claves para ganar es no complicar las cosas más de lo que ya están para usted, lo cual, lamentablemente, es lo que muchas personas parecen hacer.

Para ayudarle con esta realidad, quiero señalar las cinco maneras principales en que las personas se complican la vida, a fin de que usted pueda evitar esos inconvenientes.

1. La vida es más complicada para quienes dejan de crecer y aprender

Como ya sabe, algunas personas jamás hacen un esfuerzo intencional por crecer. Algunos piensan que crecerán automáticamente. Otros no valoran el crecimiento y esperan progresar en la vida sin ir tras ello. Para tales personas, la vida es más difícil que lo que sería si se dedicaran a la superación continua.

Las personas que no crecen son como los contemporáneos del gran científico Galileo, quien trató de convencerlos a creer en lo que estaba aprendiendo respecto a la física. Se rieron de él y se negaron a reconocer sus descubrimientos, diciendo que sus teorías no podían ser ciertas porque contradecían las enseñanzas de Aristóteles.

En una ocasión, Galileo decidió darles una demostración que les brindaría una clara evidencia de una de sus observaciones: que dos objetos de masas distintas dejados caer desde la misma altura llegarían al suelo a la misma vez. El día de la demostración, el científico se subió a la cima de la torre inclinada de Pisa. Mientras el público observaba desde abajo, Galileo dejó caer una pesa de diez libras (4,5 kilos) y otra de una libra (medio kilo). Impactaron el suelo a la misma vez. No podía haber duda alguna de que la teoría de Galileo era la correcta. Sin embargo, muchos se negaron a creer en ella, a pesar de la evidencia que vieron con sus propios ojos. Y siguieron enseñando las teorías obsoletas de Aristóteles. Querían aferrarse a lo que tenían, aunque estuviese equivocado, en vez de cambiar y crecer.

Mientras hay algunas personas que experimentan mayores dificultades en la vida debido a que se niegan a crecer, hay otros tipos de personas que crean dificultades para sí mismos: los que están satisfechos con sus logros y comienzan a estancarse. El éxito tiene una manera particular de distorsionar la manera en que vemos la realidad. Puede hacernos pensar que somos mejores de lo que verdaderamente somos. Puede tentarnos a creer que no hay mucho más que aprender. Puede convencernos de que ya no deberíamos esperar afrontar y vencer el fracaso. Estos son conceptos peligrosos para cualquiera que desee mejorar.

¿Cómo combatir tales ideas? Aceptando la realidad. Los entrenadores exitosos entienden la importancia de una evaluación sincera y realista. En el futbol americano, eso requiere que se dedique tiempo en el cuarto de video evaluando el rendimiento del equipo. Mi amigo Jim Tressel, ex entrenador del equipo de la Ohio State dice: "Evalúe igual las jugadas, gane o pierda". ¿Por qué? Porque existe la tendencia a no ser tan objetivo al evaluar las jugadas cuando se gana que cuando se pierde. Ganar hace que las personas se relajen y disfruten del botín de la victoria. Al hacer eso, tal vez podría estar construyendo su camino hacia el fracaso.

2. La vida es más difícil para quienes no piensan efectivamente

Una de las cosas más notables que separa a las personas exitosas de las que no lo son es el modo en que piensan. Estoy tan convencido de esto que escribí un libro al respecto titulado *Cómo las personas exitosas piensan.* Las personas que progresan en la vida piensan de una manera distinta a las que no progresan. Tienen razones por las cuales hacen lo que hacen, y están continuamente pensando respecto a lo que hacen, la razón por la cual lo hacen, y cómo pueden mejorar.

Eso no significa que los buenos pensadores siempre alcanzan el éxito. Por el contrario, cometen errores como los demás. Pero no siguen cometiendo los mismos errores repetidamente. Y esto marca una gran diferencia en sus vidas.

3. La vida es más difícil para quienes no enfrentan la realidad

Quizás las personas que tienen mayores dificultades en la vida son aquellas que se rehúsan a enfrentar la realidad.

El autor de *Raíces*, Alex Haley, comentó: "O lidias con lo que es la realidad, o puedes tener la certeza de que la realidad va a lidiar contigo". Si usted quiere ascender la montaña más alta, no puede esperar lograrlo de la noche a la mañana. No puede esperar lograrlo, a menos que se haya entrenado en cómo ascender y se haya puesto en buena condición física. Y si trata de negar la realidad y decide ascender como quiera, va a terminar metido en problemas.

Lo que usted hace, importa. Y para que tenga éxito, lo que haga tiene que estar basado en la realidad. El periodista Sydney J. Harris notó: "Un idealista cree que el corto plazo no cuenta. Un cínico cree que el largo plazo no importa. Un realista entiende que lo que se haga o quede sin hacer en el corto plazo determina el largo plazo".

La vida es difícil. Pero he aquí la buena noticia: Muchas de las cosas que desea lograr en la vida son obtenibles, si usted está en la disposición de enfrentar la realidad, conocer su punto de partida, medir los costos de su meta, y hacer el esfuerzo. No permita que la situación actual le desanime. Todos los que llegaron a donde están hoy comenzaron desde donde estaban.

4. La vida es más difícil para quienes se tardan en hacer los ajustes adecuados

Mi hermano mayor, Larry, ha sido un mentor para mí en muchas áreas. Tiene un talento especial cuando se trata de los negocios y las finanzas. Con frecuencia, le he oído decir: "Las personas se demoran en minimizar sus pérdidas". Me ha enseñado a que convierta mi primera pérdida en mi última pérdida. Eso se me hace difícil hacerlo. ¿Y a usted? En lugar de minimizar nuestras pérdidas, las justificamos. Tratamos de defender la decisión. Esperamos a ver si algo cambia y demuestre que tenemos la razón. Larry me aconsejó a enfrentar el problema, y escoger entre arreglarlo o huir de él.

El gran boxeador de los pesos completos, Evander Holyfield, dijo: "Todos tienen un plan hasta que se les pega". ¿Qué quiso decir con eso? El estrés de una situación difícil podría hacer que olvide su plan, y si no maneja bien la situación, no podrá hacer ajustes. Sin embargo, eso es precisamente lo que tendrá que hacer para tener éxito: hacer buenos ajustes.

Si bien es cierto que aceptar un problema no acaba con él, si usted acepta la realidad crea un fundamento que le permite hacer los ajustes adecuados. Y eso aumenta grandemente sus posibilidades de éxito.

5. La vida es más difícil para quienes no responden correctamente a los desafíos

Las personas que responden correctamente a la adversidad se dan cuenta de que su respuesta a un desafío es lo que influye en el desenlace. Aceptan y reconocen la realidad de su situación, y entonces actúan en consonancia. Eso no se me hizo fácil al principio. Mi optimismo natural tiende a hacer que yo ignore una crisis y espere a que se disipe. Eso no funciona. Desear no es resolver.

Negar la existencia de un problema solo sirve para empeorarlo. Igual lo empeora el enojarse o gritar, o desquitarse con los seres queridos. Tuve que aprender a decirme a mí mismo: "Esta es la realidad. Tengo un problema. Si quiero resolverlo, necesito tomar acción. ¿Cuál es la mejor solución?". Ante un desafío, usted puede convertir los limones en limonada, o puede dejar que le amarguen toda la vida. Usted decide.

Afrontar la realidad, mantener un sentido confiado de expectativas, y dar su mejor rendimiento podría no ser algo fácil, pero es posible. Eso hace una diferencia enorme en su vida. Le posiciona para aprender, crecer y tener éxito. Usted crea oportunidades cuando se enfrenta a las dificultades cara a cara y actúa, en lugar de mirar hacia otro lado y fingir. Si quiere aprender, tiene que desarrollar sus habilidades para resolver problemas, su planificación y su ejecución sobre un fundamento sólido. La realidad es lo único que no cederá bajo el peso de esas cosas.

4

Acepte la responsabilidad

El primer paso del aprendizaje

Tendemos a pensar de la responsabilidad como algo que nos es *dado* por alguien en una posición de autoridad, tal como un padre o un jefe. Y ese suele ser el caso. Sin embargo, la responsabilidad es algo que tenemos que estar dispuestos a *tomar*. Después de cuarenta y cinco años de aconsejar y liderar a las personas, he llegado a la conclusión de que la responsabilidad es la habilidad más importante que puede poseer una persona. No ocurre nada para adelantar nuestro potencial hasta que damos el paso y decimos: "Soy responsable". Si usted no toma la responsabilidad, está cediendo el control de su vida.

Asumir la responsabilidad por su vida, sus acciones, sus errores y su crecimiento le coloca en un lugar donde siempre puede aprender y a menudo ganar. En el deporte, a eso se le llama estar en la posición correcta. Cuando los jugadores se colocan en la posición correcta, pueden jugar exitosamente. Ello no es una garantía de que puedan hacer una jugada o que vayan a ganar. Sin embargo, si están fuera de posición, se les va a hacer imposible lograr una jugada. Si falla muchas jugadas, perderá el partido.

Cada vez que fracasamos, podemos decidirnos a colocarnos en el doloroso pero potencialmente provechoso lugar de aceptar la responsabilidad para que podamos realizar las acciones correctas para nuestro éxito, o podemos evitar el dolor temporal de la responsabilidad y poner excusas. Si respondemos correctamente al fracaso asumiendo responsabilidad, podemos mirar a nuestro fracaso y aprender de él. Como resultado, no estaremos tan propensos a volver a cometer el mismo error. Sin embargo, si eludimos nuestra responsabilidad, no examinamos nuestros errores y no aprendemos de ellos, como resultado, volvemos a experimentar los mismos errores y pérdidas repetidamente una y otra vez. Cuando eso ocurre, no podemos ganar.

LO QUE SUCEDE CUANDO NO ASUMIMOS LA RESPONSABILIDAD

Las personas evitan la responsabilidad constantemente, en particular cuando fracasan o cometen errores. Sencillamente no quieren enfrentarse a esas cosas. Si hacemos eso de seguido, comienza a emerger un patrón en nuestra vida:

1. Desarrollamos una mentalidad de víctima

En lugar de asumir la responsabilidad de su vida, muchas personas recurren a la salida fácil de establecerse como víctimas de la sociedad, de la economía, de una conspiración, o de alguna presunta discriminación. Una mentalidad de víctima provoca a las personas a enfocarse en lo que no pueden hacer en lugar de lo que pueden hacer. Esta es una receta para el fracaso continuo.

2. Tenemos una perspectiva irrealista de cómo funciona la vida

La vida no siempre nos sale como quisiéramos. Si fuera como quisiéramos, sería mucho más fácil. Sería justa. Sería más divertida. No habría dolor ni sufrimiento. Solo tendríamos que trabajar si quisiéramos. Y nunca moriríamos. Pero así no es como resulta ser la vida. La vida no es fácil. No es justa. Experimentamos el dolor. Aun el mejor de los trabajos contiene tareas desagradables y tiene periodos de aburrimiento. Y todos y cada uno de nosotros moriremos.

¿Es eso justo? No. La vida no es justa. En la vida, a veces recibimos más de lo que nos merecemos, y en otras ocasiones recibimos peor de lo que merecemos. Y no hay garantía de que al final todo quedará equilibrado. Nos podemos estancar si preguntamos el porqué. Pero buscar respuestas a esa pregunta casi nunca ayuda. Si nos enfocamos en el porqué, quizás nunca hagamos un verdadero progreso en nuestra vida.

Otra trampa es compararnos con otros. Eso puede llevarnos a una tremenda frustración e insatisfacción, porque siempre puede encontrar a alguien mejor que usted.

Benjamín Franklin escribió: "Aquellas cosas que duelen, instruyen". Eso es cierto, pero sólo si acepta entender cómo funciona la vida y lo acepta. En lugar de enfocarse en *por qué* ocurren las cosas, estaría mejor si aprende *cómo* funcionan las cosas. Hay más lecciones por aprender, y esas lecciones nos preparan para batallas futuras.

3. Nos enfrascamos constantemente en la "lluvia de culpa"

Otro patrón en el que caen las personas cuando no asumen responsabilidad es lo que yo llamo "lluvia de culpa". Este es el proceso creativo utilizado para encontrar un chivo expiatorio adecuado. En cierta ocasión estaba dando consejería a un hombre que había convertido su vida y sus relaciones en un desastre. Al comenzar con el proceso de trabajar con sus problemas, me dijo: "Hay tres cosas que andan mal conmigo: mi esposa, mi madre y mi hijo". Eso es una lluvia de culpa.

Tengo entendido que las compañías de seguros de auto son los receptores de muchas excusas creativas de parte de conductores que se niegan a tomar responsabilidad por sí mismos. Disfruto leer este tipo de cosas, y espero que usted lo disfrute también. He aquí algunos de mis favoritos:

"Al llegar a la intersección, apareció un arbusto, el cual obstruyó mi visión".

"Un vehículo invisible salió de la nada, impactó mi automóvil, y desapareció".

"El poste telefónico se acercaba vertiginosamente. Intenté salirme de su paso cuando impactó el frente de mi vehículo".

"La causa indirecta de este accidente fue un hombre pequeño en un auto pequeño con una boca grande".

"Estuve conduciendo mi automóvil por cuatro años cuando me quedé dormido al volante y tuve un accidente".

"Iba de camino al médico cuando el auto empezó a tener problemas en el eje trasero y un fallo en la junta universal, provocando que yo tuviera un accidente".

"Para evitar pegarle al parachoques del vehículo del frente, impacté al peatón".

Cualquier forma de lluvia de culpa podría ser útil al momento, pero no a largo plazo. No se puede crecer y aprender si está enfocado en encontrar a alguien a quien culpar en lugar de mirar sus propios defectos.

4. Cedemos la opción de tener el control de nuestras vidas

¿Quién es responsable de lo que sucede en su vida? ¿Cree que debería asumir una responsabilidad personal?

¿O cree que eso quedaría fuera de su control, y que hay poco o nada que se podría hacer al respecto?

Los psicólogos dicen que algunas personas poseen un centro neurálgico de control *interno*, en el cual confían principalmente en sí mismos para las ganancias y pérdidas en sus vidas. Otros poseen un centro neurálgico de control *externo*, donde culpan a otros cuando algo sale mal. ¿Cuál grupo es más exitoso? El grupo que asume la responsabilidad personal. ¿Cuáles personas están más contentas? Aquellas que asumen la responsabilidad personal. ¿Cuáles personas aprenden de sus errores y siguen creciendo y mejorando? Aquellas que asumen la responsabilidad.

Asumir la responsabilidad por su vida es una decisión. Esto no significa que usted crea que está en control de todo en su vida. Eso no es humanamente posible. Pero puede asumir responsabilidad de usted mismo y de las decisiones que toma.

El abolicionista Henry Ward Beecher aseveró: "Dios no le pregunta a ningún hombre si acepta o no la vida. Eso no es una opción. Usted debe tomarla. La única opción es cómo tomarla". ¿Cómo abordará su vida? ¿Permitirá sencillamente que la vida transcurra? ¿O se asirá de las decisiones que toma con entusiasmo y responsabilidad?

5. Eliminamos cualquier posibilidad de crecimiento para el éxito

Cuando no asumimos la responsabilidad, no tan solo desarrollamos una mentalidad de víctima, afirmamos una perspectiva irreal de cómo funciona la vida, y cedemos la opción de controlar nuestras vidas, sino que eliminamos cualquier posibilidad de crecimiento para el éxito. Y esa es la verdadera tragedia de no ser responsable.

El verdadero éxito es una travesía. Tenemos que abordarlo con una mentalidad de a largo plazo. Tenemos que persistir, mantener el enfoque, y seguir caminando hacia adelante. Las excusas son como salidas en la autopista del éxito, que no llevan a ninguna parte. Tomar la salida es fácil, pero nos desvía de la meta. Es imposible ir de las excusas al éxito. Así que tenemos que regresar a la autopista y seguir hacia adelante. Si queremos hacer algo y asumimos la responsabilidad, encontraremos la manera de salir adelante. Si no, encontraremos una excusa. Esto podrá quitarnos presión de encima y hacernos sentir mejor a corto plazo, pero no nos hará exitosos a largo plazo.

Richard Bach dice: "Defienda sus limitaciones y seguramente serán suyas". Puede que no me guste, pero yo soy responsable por quién soy y en dónde estoy hoy". Mis circunstancias presentes son el resultado directo de mis decisiones pasadas. Mi futuro será el resultado de mis pensamientos y acciones actuales. Yo soy responsable, y usted también lo es.

¿QUÉ OCURRE CUANDO APRENDEMOS A SER RESPONSABLES?

En su libro *You Gotta Keep Dancin'* [Tiene que seguir bailando], Tim Hansel dice: "El dolor es inevitable, pero la miseria es opcional". Podría decirse algo parecido cuando se trata de asumir la responsabilidad. Las pérdidas son inevitables, pero las excusas son opcionales. Cuando pasamos de excusas a responsabilidad, nuestras vidas comienzan a cambiar dramáticamente.

He aquí cómo.

1. Tomamos nuestro primer paso en el aprendizaje

Cuando usted asume su propia responsabilidad, asume la responsabilidad por su aprendizaje. Cuanto antes lo haga, mejores serán los posibles resultados

Si asume la responsabilidad cuando es joven, tiene mejor posibilidad de ganar sabiduría con el pasar de los años. Para algunos de nosotros, ese proceso toma mucho tiempo. A veces siento que no fue hasta después que cumplí sesenta y cinco años que comencé a entender la vida. Ahora que soy oficialmente un anciano, puedo decir que hay dos cosas que conozco acerca de mi vida. Primero, que ha contenido muchas sorpresas. Mi vida no salió como imaginé. Algunas cosas me salieron mejores de lo que imaginé, y otras peores. No importa quién sea usted, es imposible saber cómo saldrá su vida.

Segundo, mientras yo tome responsabilidad por las cosas que puedo controlar en mi vida y rindo mi mejor esfuerzo por aprender de ellas, siento contentamiento. Lamentablemente, mi reto personal ha sido contenerme a mí mismo de controlar cosas que están afuera de mi esfera de influencia. Cuando he tratado de abarcar demasiado y las cosas me han salido mal, me ha causado que pierda el enfoque, desperdicie energía y me sienta desanimado. Esa ha sido una lección dura para mí.

Si puede encontrar el equilibrio correcto entre asumir la responsabilidad de las cosas que puede controlar y soltar las cosas que no puede, acelerará su proceso de aprendizaje. Pero aunque aprenda esta lección tarde en la vida, aún puede beneficiarse de ella.

2. Vemos las cosas en su perspectiva correcta

Asumir la responsabilidad personal no significa que se tome demasiado en serio. Cuando eso ocurre, repercute en una perspectiva negativa en todas las otras áreas de su vida. Asumir la responsabilidad no significa que se cultive una actitud negativa. Significa tener la disposición de ver las cosas desde otra perspectiva.

He conocido a personas que permiten que sus pérdidas les agobien. Dicen cosas como: "Ese incidente me arruinó la vida", o "esa persona me hace enojar tanto". ¡La realidad es que nada ni nadie puede arruinar su vida sin su permiso! Si tiende a pensar de esa manera, desista inmediatamente. Usted tiene el poder para escoger otra manera de pensar, y puede hacerlo al mantener una perspectiva correcta.

Los mejores aprendices son aquellas personas que no ven sus fracasos o pérdidas como algo permanente. Lo ven como algo temporal. O como dijo Patricia Sellers: "Las [personas] más exitosas tras las caídas ven el fracaso no como un cáncer, sino como la pubertad: doloroso e incómodo, pero una experiencia transformadora que precede a la madurez".[2]

3. Dejamos de repetir nuestros errores

¿Cuál es la mayor diferencia entre las personas que tienen éxito y las que no lo tienen? No es el fracaso. Ambos grupos fracasan. Sin embargo, las personas exitosas asumen la responsabilidad de sí mismos, aprenden de sus fracasos y *no los repiten.*

Si lo piensa, ¿cómo fue que aprendió usted a caminar cuando era bebé? Intentó algo que no resultó y se cayó. Después intentó otra cosa que no resultó y se cayó. Es probable que haya intentado *cientos* de estrategias, quizás miles, las cuales le enseñaron lo que *no* resultaba a la hora de caminar. Entonces, finalmente, intentó algo que *sí* le dio resultado.

Fue así como usted aprendió a caminar, comer, hablar, correr bicicleta, lanzar una pelota y llevar a cabo todas las tareas básicas de la vida. ¿Por qué pensar que llegaría a un lugar en donde podía aprender sin fracasar ni cometer errores? Si quiere aprender más, tiene que hacer más. Pero también tiene que poner atención a lo que *no* da resultado para hacer los ajustes precisos.

El fracaso no es la mejor maestra. Ni tampoco lo es la experiencia. Sólo la experiencia evaluada nos puede enseñar. De ahí parte el provecho en cualquier experiencia que vivamos. Eso es lo que nos ayuda a aprender y, en última instancia, a vencer.

4. Nos hacemos más fuertes

Eleanor Roosevelt observó: "Usted adquiere fortaleza, valor y confianza con cada experiencia en la que realmente se detiene para mirar al temor de frente. Es capaz de decirse a sí mismo: 'He sobrevivido a este horror. Puedo afrontar lo siguiente que venga'. Usted debe hacer eso que cree que no puede hacer".

Cada vez que asume la responsabilidad, enfrenta su temor, y avanza a pesar de enfrentar las pérdidas, los fracasos, los errores y los desengaños, se hace más fuerte. Y si sigue haciendo las cosas que se supone que haga cuando las debe hacer, llegará el día cuando pueda hacer las cosas que quiere hacer cuando quiera hacerlas.

5. Respaldamos nuestras palabras con nuestra conducta

El último paso en la toma de responsabilidad es asegurarse que nuestras acciones guarden congruencia con nuestras palabras. Si está en la disposición de ponerle su nombre a todo cuanto emprenda, eso indica un alto nivel de integridad. Arriesgar su propia vida indica un nivel aún mayor.

Eso es lo que la autora y consultora Frances Cole Jones describe en su libro *The Wow Factor* [El factor sorpresa]. Ella escribe:

> En la Infantería de Marina, los armadores, las personas que empacan (es decir, reensamblan después de uso) los paracaídas para otros Infantes de Marina, tienen que efectuar al menos un salto al mes. ¿Y quiénes les empacan el paracaídas a ellos? Ellos mismos. Se selecciona al azar uno de los paracaídas que *ellos* empacaron para uso de los demás, y el armador tiene que "saltar con él". Este sistema asegura que nadie se descuide; después de todo, "el paracaídas que está empacando bien podría ser el suyo".
>
> El ejército romano utilizó una técnica similar para verificar que los puentes y acueductos estuviesen seguros: La persona que diseñó los arcos tenía que pararse debajo de cada arco mientras se removía el andamiaje.
>
> Si quiere que su empresa dure tanto como un puente romano, se tiene que preguntar si todos son *verdaderamente* responsables de sus desenlaces según estos ejemplos, al igual que usted. ¿Está efectuando cada tarea con la concentración y compromiso que tendría si una vida dependiera de ello?[3]

Podría parecer hipérbole cuando Jones pregunta si está asumiendo la responsabilidad por las tareas que usted lleva a cabo como si su vida dependiera de ello pero, en realidad, no es tan extremo. ¿Por qué? Porque nuestras vidas *sí* dependen de lo que hacemos. La vida que tenemos es la única que nos toca aquí en la tierra, y no es un ensayo. Cada minuto que desperdiciamos se pierde para siempre. O nos decidimos a tomar responsabilidad por lo que hacemos, o ponemos excusas.

Espero que, al igual que yo, escoja enfrentar la realidad y asumir la responsabilidad. Si lo hace, entonces estará en posición para atrincherarse y enfocarse en la superación, que es el tema del próximo capítulo.

5

Procure la superación

El enfoque del aprendizaje

La mayoría de nosotros no esperamos alcanzar la perfección. Pero sí queremos rendir a un mayor nivel. Eso requiere superación. Se ha dicho que las tres palabras más difíciles para decir son: "Yo estaba equivocado". Cuando cometemos un error o fracasamos, no lo queremos admitir. En lugar de ello, con frecuencia, hacemos una de las tres cosas a continuación:

- **Estallamos:** Reaccionamos con ira, resentimiento, culpa, justificación y compensación.
- **Encubrimos:** Tratamos de ocultar nuestros errores para protegernos y proteger nuestra imagen. Aquella persona que comete un error y luego brinda una excusa por ello ha cometido dos errores.
- **Retrocedemos:** Nos retiramos y comenzamos a distanciarnos de quienes podrían descubrir nuestro error.

- **Abandonamos:** Tiramos la toalla y renunciamos. Nunca lidiamos con el error de una manera saludable.

Por ejemplo, John H. Holliday, quien fue fundador y editor del *Indianapolis News,* irrumpió en la sala de composición un día, determinado a encontrar al responsable de deletrear *altura* como *atura.* Tras comprobar la copia original se observó que él mismo había sido el responsable del error. Cuando se le dijo, él respondió: "Bueno, pues si así es como la deletreé, entonces tiene que estar correcta". En los siguientes treinta años, el *Indianapolis News* deletreó *altura* de manera incorrecta.

PERCEPCIONES SOBRE LA SUPERACIÓN

La Edad de Piedra no terminó al acabarse las piedras. Terminó porque las personas siguieron aprendiendo y superándose. El deseo de superarse a sí mismas está en el ADN de todas las personas exitosas. La superación ha sido una pasión personal por muchos años. Parte de eso conlleva esforzarme para dar un mejor rendimiento día tras día, pero el deseo de la superación también me ha llevado a estudiar a otras personas que comparten esta pasión. De esto he aprendido algunas cosas importantes con respecto a la superación, las cuales quiero transmitirle.

1. La superación personal es el primer paso para mejorar en todo lo demás

Hace unos años, dirigía una mesa redonda de veinte personas de mucho éxito. Un hombre expresó su frustración al sentirse estancado en su empresa y en su vida personal. Preguntó: "¿Cómo puedo evitar estancarme?". Al hacerle varias preguntas y él abrir su corazón, hicimos un descubrimiento. Estaba más preocupado por el éxito personal que por su crecimiento personal. Eso le estaba estorbando.

El éxito no siempre trae crecimiento, pero el crecimiento personal siempre añadirá a nuestro éxito. La mayor recompensa por nuestro trabajo no es lo que recibimos *de* él, sino en lo que nos convertimos *por* él. La pregunta más importante no es: "¿Qué estoy obteniendo?"; más bien: "¿En qué me estoy convirtiendo?".

El mundo se mueve a pasos agigantados. Hice una broma anterior acerca del fin de la Edad de Piedra. Algunos arqueólogos estiman que ese período duró millones de años. La Edad del Bronce, que la siguió, duró aproximadamente dos mil años. La Edad del Hierro, que vino después, duró menos de mil años. Cada período de la historia tecnológica ha llegado cada vez más rápido.

En la era moderna, el conocimiento, la tecnología y la superación personal siguen en su paso acelerado. Ahora que vivimos en la era informática, el mundo se mueve aún más rápido. Los economistas de la universidad UC Berkeley calcularon recientemente que en el año 2000, el total de información producida en el ámbito global fue el equivalente a 37 000 veces la información que contiene la Biblioteca del Congreso de los Estados Unidos. En el 2003, la cantidad de información nueva creada era más del doble de eso.[4] Y esas cifras provinieron de una época previa a la disponibilidad de medios sociales como Twitter, Facebook, YouTube y otros medios de generación de información.

El punto queda claro. Si no avanza, el mundo lo dejará atrás. Si quiere mejorar su vida, su familia, su trabajo, su situación económica, su influencia o cualquier otra cosa, tiene que superarse a sí mismo.

2. La superación requiere que salgamos de nuestra zona de comodidad

El novelista Fyodor Dostoyevsky destacó: "Dar un nuevo paso, balbucear una palabra nueva, es lo que la gente más teme". En su lugar, las personas deberían temer lo contrario: no dar el primer paso. ¿Por qué? Porque si no salimos de nuestra zona de comodidad para entrar a lo desconocido, entonces no nos superaremos ni creceremos. La seguridad no nos lleva hacia adelante. No nos ayuda a vencer los obstáculos. No lleva al progreso. Usted nunca llegará a ningún lugar interesante si siempre hace lo seguro. Tiene que renunciar a la seguridad para superarse.

¿Qué se requiere para lograr que salgamos de nuestra zona de comodidad? A mi entender, se requieren dos cosas:

LIDIAR CON NUESTRA AVERSIÓN A COMETER ERRORES

Necesitamos fracasar rápidamente para poder salir de eso. Si no estamos fracasando o cometiendo errores, significa que nos estamos yendo bien a la segura. El perito gerencial Peter Drucker explicó: "Jamás promovería a una persona a un puesto de mayor nivel que no estuviese cometiendo errores...de lo contrario seguramente será mediocre".

Los errores no son fracasos. Son prueba de que estamos haciendo un esfuerzo. Cuando entendemos eso, podemos salir más fácilmente de nuestra zona de comodidad, intentar algo nuevo y mejorar.

VENCER UNA VIDA CONTROLADA POR LOS SENTIMIENTOS

La superación demanda un compromiso a crecer mucho después de que el estado anímico en el que se hizo ese compromiso haya pasado. El orador Peter Lowe me dijo en cierta ocasión: "El rasgo más común que he descubierto en las personas de éxito es que vencieron la tentación a rendirse". No ser controlados por nuestros sentimientos significa que podemos hacerle frente a nuestros temores, salir de nuestra zona de confort e intentar hacer cosas nuevas. Esa es una parte importante de la innovación.

3. La superación no se satisface con "soluciones fáciles".

Vivimos en una sociedad con el mal del destino. Demasiadas personas quieren hacer justo lo suficiente como para "llegar", y entonces se quieren retirar. Los perdedores no pierden por enfocarse en perder. Lo hacen porque se enfocan en hacer el mínimo.

La superación no le llega a las personas que están enfocados en soluciones rápidas. Le llega a quienes mantienen un esfuerzo lento pero constante en superarse. Si tiene una mentalidad de soluciones rápidas, entonces necesita cambiarla por una de superación continua. Esto conlleva hacer dos cosas:

ACEPTAR EL HECHO DE QUE LA SUPERACIÓN ES UNA BATALLA INTERMINABLE

Creo que todos podemos identificarnos con el poeta Carl Andberg, quien dijo: "Hay un águila en mí que quiere volar a las alturas y hay un hipopótamo en mí que quiere holgazanear en el lodo". La clave al éxito es el seguir más el impulso de subir que el impulso de regodearse en el lodo. Y esa es una lucha constante, al menos lo ha sido para mí. Creo que cualquier persona exitosa podría decir con sinceridad: "Llegué a la cima de la manera difícil, combatiendo mi propia pereza e ignorancia a cada paso del camino".

Si apenas está emprendiendo su camino a la superación, no se desanime. Su punto de partida no importa. Todo el que ha llegado a donde está comenzó desde donde estaba. Y llegará ahí al persistir en la batalla de la superación. Al hacerlo, haga que ésta sea su consigna:

No estoy donde debería estar,
No soy lo que debería ser,
Pero no soy lo que solía ser.
No he aprendido cómo llegar;
Tan sólo he aprendido cómo continuar.

Si puede vivir esas palabras, eventualmente tendrá éxito.

ACEPTAR EL HECHO DE QUE LA SUPERACIÓN ES EL RESULTADO DE PEQUEÑOS PASOS

Hoy día, las personas andan buscando el secreto para el éxito. Quieren una bala mágica, una respuesta fácil, algo que los catapulte a la fama o la fortuna. En términos generales, el éxito no se obtiene así. Como observó Andrew Wood: "El éxito en la mayoría de las cosas no proviene de algún gran golpe del destino, sino a raíz del progreso simple e incremental". Eso es bastante aburrido, ¿no? Tal vez no sea emocionante, pero es cierto. ¡Las pequeñas diferencias a través del tiempo llegan a hacer una gran diferencia! La superación se alcanza en pulgadas, no con pasos agigantados.

El autor y artista Elbert Hubbard observó: "La línea entre el éxito y el fracaso es tan fina que apenas nos percatamos cuando la cruzamos; tan fina que, en muchas ocasiones, estamos sobre la misma línea y ni siquiera lo sabemos. ¿Cuántos hombres se rindieron justo cuando con un poco más de esfuerzo y un poco más de paciencia hubieran logrado el éxito?". Por eso es que precisamos dedicarnos a dar pequeños pasos hacia la superación. ¿Quién sabe si el próximo pequeño paso trae consigo el gran avance que estábamos buscando?

4. La superación es un compromiso diario

Hay algunas cosas que tienen, sencillamente, que hacerse todos los días. ¿Conoce el viejo refrán: "A diario una manzana es cosa sana"? Pues el comerse siete manzanas a la vez no le darán el mismo beneficio. Si quiere mejorar, el crecimiento intencional tiene que ser un hábito. El hábito es algo que se hace continuamente, no de vez en cuando. La motivación le podría impulsar, pero los hábitos que desarrolle y ejerza consistentemente son lo que le llevarán a seguir mejorando.

Dos palabras me han ayudado a mantenerme enfocado mientras trabajo para mejorar día a día. La primera es *intención*. Todas las mañanas, al comenzar mi día, me propongo aprender algo nuevo ese día. Esto desarrolla en mí la mentalidad de buscar cosas que me ayudarán a mejorar.

La otra palabra es *contemplación*. El tiempo a solas es esencial para la autosuperación. Cuando dedico tiempo a pensar en mis retos, mis experiencias y mis observaciones, me permite ganar perspectiva. Puedo evaluar cualquier pérdida y aprender de ella. El tiempo de contemplación a solas me brinda además tiempo para realizar una charla positiva conmigo mismo. El humorista motivacional Al Walker indicó: "Las palabras más importantes que jamás expresaremos son aquellas que nos decimos a nosotros mismos, sobre nosotros mismos, cuando estamos solos". Durante esas "conversaciones" podemos ser críticos con nosotros mismos y hacernos sentir insignificantes, o podemos aprender a edificarnos a nosotros mismos para así mejorar.

Si quiere pasar un tiempo todos los días para intentar superarse, tal vez quiera comenzar haciéndose estas tres preguntas al final del día, como hago yo:

- **¿Qué aprendí hoy?** ¿Qué habló tanto a mi corazón como a mi cabeza?
- **¿Cómo crecí hoy?** ¿Qué tocó mi corazón y afectó mis acciones?
- **¿Qué haré de manera distinta?** A menos que indique específicamente lo que pienso hacer de manera distinta, no habré aprendido nada.

Una de las cosas que *no* hago es compararme con los demás durante esos momentos. Hay una razón para eso. Mi deseo no es de hacerme superior a ninguna otra persona. Sólo quiero ser superior a mi antiguo yo. La intención y la contemplación me ayudan a lograr eso.

HACER QUE LA SUPERACIÓN SEA INTENCIONAL

La superación está al alcance de cualquier persona, no importa su experiencia o inexperiencia, sea docto o ignorante, rico o pobre. Para comenzar a mejorar hoy, haga estas tres cosas:

1. Decida que usted es digno de superarse

Para superarse, debe creer que puede mejorar. Puede invertir en usted mismo. No necesita los sueños de otra persona sino los suyos propios. Y no tiene que ser ninguna otra persona sino la mejor versión de usted mismo. El gran filósofo Thomas Carlyle escribió: "Que cada uno se convierta en todo lo que fue creado capaz de ser". No se me ocurre una definición mejor del éxito. A diario, la vida nos reta a que desarrollemos nuestras capacidades a su plenitud. Somos exitosos cuando alcanzamos lo máximo que está dentro de nosotros, cuando damos lo mejor que tenemos para dar. La vida no requiere que siempre ganemos. Sólo nos pide que hagamos todo lo que podamos por mejorar en el nivel de experiencia en el que nos encontremos actualmente.

2. Escoja un área de superación

Muchos de nosotros o bien no queremos mejorar en nada, o somos tan impacientes para convertirnos en todo lo que podemos ser, que tratamos de mejorar todo cuanto somos a la misma vez. Ambas cosas son un error. Tenemos que enfocarnos en algo. El psicólogo notable William Jones instruyó: "Si desea ser rico, será rico; si desea ser bueno, será bueno; si desea aprender, aprenderá. Pero desee sólo una cosa, y no desee al mismo tiempo y con la misma intensidad otras cien cosas incompatibles".

Tendrá bastante tiempo para mejorar otras áreas de su vida. Por ahora, enfóquese en aquella que ahora le consume más energías y esté más cerca de su sentido de propósito. Aproveche el consejo de Earl Nightingale, quien sugirió que invierta una hora al día en cada área. Entonces tómelo poco a poco. Siempre sobreestimamos lo que podemos lograr en un día o en una semana. Pero subestimamos lo que podemos lograr en un año. Tan solo imagine lo que podrá lograr dentro de cinco años.

3. Busque oportunidades de superación en la secuela de sus pérdidas

La superación enfocada y estratégica es esencial para el éxito. Pero también lo es aprender de nuestras pérdidas cuando ocurren. Trataré ese tema con mayor detalle, específicamente, en los capítulos de la adversidad, los problemas y las malas experiencias. Sin embargo, permítame decirle esto: Algunas lecciones en la vida no pueden esperar. Tiene que aprovecharlas según van ocurriendo. Si no examina lo que salió mal mientras los detalles están frescos, podría perder la habilidad de aprender la lección. Además, si no aprende la lección inmediatamente, ¡podría volver a experimentar la pérdida! El conocimiento podría venir del estudio, pero la sabiduría proviene de aprender y mejorar en la secuela de sus pérdidas.

Siempre trato de recordar que soy una obra en progreso. Cuando mantengo esa perspectiva, me doy cuenta que no tengo que ser perfecto. No tengo que entenderlo todo. No tengo que tener todas las respuestas. Ni tampoco tengo que aprenderlo todo en un día. Cuando cometo un error, no es porque soy un fracaso o no valgo nada. Sencillamente no hice algo bien porque aún no he mejorado lo suficiente en alguna parte del proceso. Y eso me motiva a seguir creciendo y superándome. Si hay algo que no sé, es una oportunidad para intentar mejorar en un área nueva.

Yo estoy comprometido a largo plazo. Trato de ser como el industrialista Ian MacGregor, quien dijo: "Yo trabajo basado en el mismo principio de las personas que entrenan caballos. Se empieza con vallas pequeñas, objetivos fáciles de lograr, y voy aumentando". Cuando comencé, mis vallas eran vergonzosamente bajas. Pero con el tiempo pude levantarlas. Hoy, las sigo subiendo poco a poco. Esa es la única manera en la cual se sigue mejorando, y siempre quiero hacerlo, porque la superación es el enfoque del aprendizaje.

6

Promueva la esperanza

La motivación del aprendizaje

Como puede que sepa, el liderazgo es una de mis pasiones. Aprendo de ello todos los días, y una de mis grandes alegrías es enseñarlo a otros. El ex integrante del gabinete presidencial John W. Gardner dijo: "La primera y última tarea de un líder es mantener viva la esperanza, la esperanza de que finalmente podemos encontrar nuestro camino hacia un mundo mejor, a pesar de la acción de ese día, a pesar de nuestra propia inmovilidad, superficialidad y resolución cambiante". El gran líder Napoleón lo dijo con mayor sencillez aún: "Los líderes son comerciantes de esperanza".

Como líder y escritor, quiero ser alguien que les brinde esperanza a los demás. Creo que si un líder ayuda a las personas a creer que lo imposible es posible, eso hace que lo imposible sea probable. Por tanto, a medida que lea este capítulo, independientemente de qué pérdidas afronte o qué dificultades deba vencer, mantenga su cabeza alta. Las pérdidas en la vida nunca son divertidas, pero hay una pérdida que nadie puede permitirse experimentar: la pérdida de la esperanza. Si pierde la esperanza, esa podría ser su última pérdida, porque cuando se va la esperanza, se va también la motivación y la capacidad para aprender.

LA ESPERANZA ES HERMOSA

En el 1979 escribí mi primer libro, *Think on These Things* [Piense en estas cosas]. Nació de mi deseo de ayudar a las personas a pensar en las cosas que edificarían sus vidas. Un capítulo trataba el tema de la esperanza. En él, escribí las siguientes palabras:

¿Qué hace la esperanza por la humanidad?

- La esperanza brilla con más fuerza cuando el momento es más oscuro.
- La esperanza motiva cuando llega el desánimo.
- La esperanza vigoriza cuando el cuerpo está cansado.
- La esperanza endulza cuando muerde la amargura.
- La esperanza canta cuando todas las melodías han desaparecido.
- La esperanza cree cuando la evidencia es limitada.
- La esperanza escucha respuestas cuando nadie habla.
- La esperanza remonta obstáculos cuando nadie ayuda.

- La esperanza soporta la dificultad cuando a nadie le importa.
- La esperanza sonríe confiada cuando nadie se ríe.
- La esperanza busca respuestas cuando nadie pregunta.
- La esperanza prosigue hacia la victoria cuando nadie alienta.
- La esperanza se atreve a dar cuando nadie comparte.
- La esperanza trae la victoria cuando nadie gana.

En resumen, la esperanza da. Nos da aun cuando nos queda poco o nada. Es una de las cosas más preciadas que tenemos en la vida.

La esperanza inspira. Nos da la motivación para vivir y aprender. Digo eso por varias razones:

1. La esperanza dice sí a la vida

Justo antes de morir, se le preguntó al autor y teólogo Paul Tillich sobre el tema central del libro *The Courage to Be* [La valentía de ser]. Tillich dijo que el libro trataba la verdadera valentía: decirle sí a la vida a pesar de todas las dificultades y el dolor que son parte de la existencia humana. Se requiere valentía para encontrar algo significativo y positivo acerca de nosotros y de la vida cada día. Esa, dijo Tillich, es la clave para vivir una vida más plena. "Amar la vida", dijo él, "es probablemente la mayor forma que la valentía puede expresarse".

¿En dónde encuentra una persona la valentía para decirle que sí a la vida? Creo que proviene de la esperanza. En la vida, deben esperarse los problemas. Debe esperarse la adversidad. Debe esperarse el conflicto. Pero esas realidades no significan que haya que perder la esperanza. Puede usted tomar el consejo de Ann Landers, quien dijo: "Espere problemas como una parte inevitable de la vida y cuando lleguen, mantenga su cabeza alta, mírelos de frente y diga: 'Yo seré mayor que tú. No puedes derrotarme'".

2. La esperanza nos llena de energía

Se dice que una persona puede vivir cuarenta días sin comida, cuatro días sin agua, cuatro minutos sin aire, pero sólo cuatro segundos sin esperanza. ¿Por qué? La esperanza es el poder que nos vigoriza con vida. La esperanza es algo poderoso. Nos hace seguir adelante cuando los tiempos son difíciles. Crea emoción en nosotros para el futuro. Nos da razones para vivir. Nos da fuerza y valentía.

No creo que sea casualidad que las personas que sufren depresión, con frecuencia carecen de energía. Las personas que tienen dificultades en creer en sí mismas tienen dificultades para encontrar la energía para lidiar con la vida y sus retos. Por el contrario, las personas que viven llenas de esperanza tienen grandes energías. Se abrazan a la vida y a todo lo que ella traiga consigo, aun los retos.

3. La esperanza se enfoca en el futuro

Nuestro ayer tiende a invadir nuestro hoy con negatividad, robando así nuestro gozo y nuestra esperanza. Y si nos enfocamos demasiado en ello, amenaza con robar también nuestro futuro. Por eso es que me gustan estas palabras de Ralph Waldo Emerson: "Termine cada día y acabe con él de una vez... Ha hecho lo que ha podido; algunas meteduras de pata y cosas absurdas sin duda se habrán colado; olvídelas tan pronto como pueda. Mañana es un nuevo día; lo comenzará bien y con serenidad".

La esperanza siempre tiene un futuro. Y se inclina hacia adelante con expectativa. Desea hacer planes para el mañana. Y eso nos abre a mayores posibilidades. ¿Está mirando usted hacia adelante? ¿Tiene esperanza para el futuro? Si tiene grandes expectativas para el mañana, entonces probablemente querrá cumplirlas al máximo. ¿Cómo usted hace eso? Eso se hace al crecer, aprender e improvisar. La falta de esperanza crea indiferencia hacia el futuro. La esperanza trae motivación.

4. La esperanza marca una diferencia

La esperanza es nuestro mayor activo y el arma más grande que podemos utilizar para batallar contra nuestras pérdidas cuando parecen estar acumulándose. Es poderosa, y por eso es que digo que marca una diferencia. ¿Qué hace la esperanza por nosotros?

- La esperanza busca la lección en la derrota en lugar de simplemente dejarle sintiéndose derrotado.
- La esperanza descubre lo que *puede* hacerse en lugar de lo que *no puede* hacerse.
- La esperanza considera los problemas, sean grandes o pequeños, como oportunidades.
- La esperanza enciende una luz en vez de maldecir la oscuridad.
- La esperanza abre puertas cuando la desesperación las cierra.
- La esperanza obtiene su fuerza de *lo que puede ser* en lugar de hacerlo de *lo que fue.*
- La esperanza no atesora ninguna ilusión ni tampoco se rinde al cinismo.
- Con esperanza, el fracaso es un escalón. Sin esperanza, el fracaso es una lápida.

Si quiere encontrar la motivación para aprender ante sus pérdidas, para seguir trabajando y estar mejor mañana de lo que está hoy, para alcanzar su potencial y cumplir su propósito, entonces aproveche aquello que marca la diferencia. Abrácese a la esperanza.

CÓMO CULTIVAR LA ESPERANZA

Como la esperanza es algo tan hermoso, hay que plantear esta pregunta: "¿Puede alguien tenerla?". ¡La respuesta es sí! Independientemente de su situación actual, sus antecedentes, su personalidad, su crianza o sus circunstancias, usted puede ser una persona de esperanza. Hacer las siguientes tres cosas le ayudará a alcanzarla:

1. Entender que la esperanza es una decisión

La esperanza está en el ADN de hombres y mujeres de éxito que aprenden de sus pérdidas. En los momentos difíciles, ellos escogen la esperanza, sabiendo que les motivará a aprender y a transformarlos de víctimas en vencedores.

Algunas personas dicen que escoger la esperanza es una perspectiva ilusa respecto a la vida. Alegan que no es realista. No estoy de acuerdo. En *The Dignity of Difference* [La dignidad de la diferencia], Jonathan Sacks escribe: "Una de las distinciones más importantes que he aprendido en el transcurso de la reflexión sobre la historia judía es la diferencia entre el *optimismo* y la *esperanza*. El optimismo es la creencia de que las cosas van a mejorar. La esperanza es la fe de que juntos podemos mejorar las cosas. El optimismo es una virtud pasiva; la esperanza es una virtud activa. No se requiere de valentía para ser un optimista, pero se requiere de mucha valentía para tener esperanza".[5]

Creo que todo el mundo es capaz de escoger la esperanza. ¿Requiere valentía? Sí. Porque la esperanza puede resultar en desengaño. Pero estoy convencido de que la valentía de escoger la esperanza siempre tendrá su recompensa.

2. Cambiar su modo de pensar

En términos generales, recibimos de la vida aquello que esperamos. No sé por qué eso es así, pero lo es. Norman Cousins comentó: "El principal problema de la desesperación es que se cumple por sí sola. Las personas que temen lo peor tienden a invitar precisamente eso. Cuando sus cabezas están cabizbajas no pueden escudriñar el horizonte para buscar nuevos caminos. Los arrebatos de energía no surgen de un espíritu de derrota. En definitiva, la impotencia conduce a la desesperanza". Si sus expectativas en la vida son negativas, termina experimentando muchas cosas negativas. Y esas cosas negativas se van combinando y se vuelven particularmente dolorosas, porque las expectativas negativas no llevan a una persona a aprender de sus pérdidas.

La buena noticia es que no tiene que vivir con eso. Puede cambiar su forma de pensar de una mentalidad negativa, en la cual siente desesperanza, no aprende de sus pérdidas y es tentado a rendirse, a una mentalidad positiva, en la cual cree que las cosas pueden mejorar, aprende de sus errores y nunca se rinde.

Las personas se rinden porque pierden la esperanza. Su modo de pensar es negativo, tienen bajas expectativas, y no saben cómo salir de ese patrón de pensamiento. La respuesta podría no ser fácil, pero es sencilla. Tienen que cambiar la forma en que piensan de sí mismos y las pérdidas que experimentan. En la vida vemos lo que estamos preparados para ver. Esto es un resultado de nuestro modo de pensar. Lo que vemos es lo que recibimos. Y eso determina el desenlace en muchas de las cosas que hacemos.

Mi bateador de béisbol favorito de todos los tiempos fue Tony Gwynn, quien jugó para los Padres cuando yo vivía en San Diego. Lideró la liga en promedio de bateo año tras año. Una vez asistí a un partido con un amigo de Tony. Durante el partido, le llegó el turno de bateo a Tony y le dije a su amigo: "Me encanta verlo batear. ¿Por qué crees que es tan exitoso?".

"Él espera conectar un *hit* cada vez que batea", respondió el amigo.

¿Lograba Tony *siempre* conectar el *hit*? Por supuesto que no. Los mejores bateadores de todos los tiempos fallan seis veces de cada diez. Pero esos intentos fallidos no determinan su expectativa. Siempre creyó en sí mismo, así como en su habilidad de conectarle *hit* a la pelota. Deberíamos de imitarle, porque en demasiadas ocasiones, nuestra limitación principal viene de nuestras expectativas.

Es sencillo, pero no es fácil. Si ha sido un pensador negativo cuya motivación apenas es alimentada por la esperanza, entonces tiene que determinarse, todos los días, a tratar de renovar su esperanza, a cambiar sus pensamientos para bien, y a creer que las cosas buenas le pueden suceder, y le sucederán. Hacer estas cosas podría, literalmente, cambiar su vida.

3. Ganar algunas pequeñas victorias

Si usted puede acceder a su esperanza y ser más positivo en su forma de pensar, ese es un gran comienzo. Pero no es suficiente. Los pensamientos positivos tienen que ser seguidos de acciones positivas. Si quiere ganar en grande, entonces comience intentando obtener victorias pequeñas. Nada motiva a la esperanza como el éxito.

Si puede ser capaz de ganar victorias pequeñas, eso le motiva. Le eleva la moral. Cuando experimenta un triunfo una vez, comienza a entender cómo es que eso funciona. Va mejorando en tener éxito, y tras ganar varias victorias comienza a sentir que victorias más grandes están a su alcance.

Crear un ambiente positivo con experiencias positivas puede hacer mucho para motivarle a que siga esperando, siga intentando y siga aprendiendo.

7

Desarrolle la educabilidad

El canal del aprendizaje

Con frecuencia, las personas me preguntan qué es lo que más determina si llegarán a alcanzar su potencial. Mi respuesta: un espíritu educable.

¿Qué significa ser educable? Yo defino *educabilidad* como poseer tanto la conducta como la actitud intencional para seguir aprendiendo y creciendo durante el transcurso de la vida. Hay quienes no poseen eso. Algunas personas quieren tener la razón, aun cuando no la tienen. Como resultado de ello, la vida se les hace difícil. Nunca encuentran el canal del aprendizaje, ni aprenden las lecciones que la vida brinda a quienes tienen un espíritu educable. A tales personas se les hace difícil triunfar o alcanzar el éxito.

Aun si domina una materia a cabalidad, eso no lo hará todo por usted. Vivir de acuerdo a su potencial requiere que siga aprendiendo y siga expandiéndose. Para ello, debe tener un espíritu educable. De no tenerlo, llegará hasta el fin de su potencial mucho antes de que llegue al fin de su vida.

Si quiere tener éxito mañana, entonces tiene que ser educable hoy. Lo que le llevó hasta donde ha llegado hoy no le mantendrá ahí. Y ciertamente no le llevará a donde quiere llegar. Necesita más que una gran mente para aprender. Necesita tener un gran *corazón* para aprender. Eso es lo que le da un espíritu educable.

CARACTERÍSTICAS DE UNA PERSONA EDUCABLE

Si desea encontrar el canal del fracaso al éxito, tiene que ser una persona sumamente educable. ¿Cómo se logra eso? Se logra mediante la cultivación de las cinco características a seguir:

1. Las personas educables tienen una actitud que conduce al aprendizaje

Las personas con un espíritu educable abordan cada día como una oportunidad para otra experiencia de aprendizaje. Sus mentes están alertas buscando algo nuevo. Sus corazones están abiertos. Sus actitudes están a la expectativa. Saben que el éxito tiene que ver menos con la posesión de talento natural y más con decidirse a aprender.

Cuando somos jóvenes, los padres, los maestros y el sistema educativo toman la responsabilidad principal de nuestro aprendizaje. Pero ese ímpetu externo y la responsabilidad para que aprendamos se remueven gradualmente a través de nuestra carrera educativa. A medida que maduramos, y particularmente cuando entramos en la secundaria y mucho más adelante, comienza a aparecer una línea divisoria entre quienes siguen siendo educables y quienes se resisten al aprendizaje. La decisión que tomamos en ese momento es significativa. Podemos decidirnos a permanecer educables y alimentar nuestro deseo interno de crecer intencionalmente. O podemos seguir siendo indiferentes a las oportunidades que se nos presentan para que sigamos aprendiendo.

Ser educable depende de dos cosas: capacidad y actitud. Nuestra capacidad podría estar definida hasta cierto grado, pero la actitud es totalmente decisión nuestra. Debemos decidir proactivamente a aferrarnos a una actitud de educabilidad. En raras ocasiones he conocido a una persona educable cuya perspectiva de la vida fuera negativa. La mayoría de las personas con espíritu educable y con actitud positiva no permiten que las ideas negativas les secuestre el pensamiento. ¿Por qué? La mente cerrada no abre puertas de oportunidad. La mentalidad de escasez pocas veces crea abundancia. La actitud negativa casi nunca crea cambio positivo.

Si no ha cultivado una actitud positiva y un espíritu educable, le exhorto a que luche por ellos. Mientras más pronto lo haga, mejor, porque a medida que la edad avanza, nuestros pensamientos negativos, malos hábitos y debilidades de carácter llegan a arraigarse más permanentemente. Envejecer no significa mejorar. Tan solo significa que usted tiene menos tiempo para tomar la decisión de ser educable. Así que decida ser educable ahora.

No conozco ninguna otra manera de seguir aprendiendo en la vida.

2. Las personas educables poseen una mentalidad de principiante

Las personas exitosas están constantemente aprendiendo cosas nuevas. ¿Cuál es la mejor manera para hacer eso? Tener una mentalidad de principiante. Si usted quiere crecer y aprender, debe abordar tantas cosas como pueda como un principiante, no como un experto.

¿Qué tienen en común todos los principiantes? Saben que no lo saben todo, y eso determina la manera en que abordan las cosas. En general, son abiertos y humildes, carecen de la rigidez que, con frecuencia, sigue al logro.

A muchas personas les encanta ser peritos. De hecho, algunos lo disfrutan tanto y se sienten tan incómodos como principiantes que trabajan duro para evitar ser colocados en esas situaciones. Otros son más abiertos y disfrutan poder aprender algo nuevo. Cuando son principiantes, se les hace fácil tener una mentalidad de principiantes. Pero se hace más difícil mantener esa educabilidad cuando usted aprende más y logra algún grado de éxito. Permanecer receptivo y abierto en cada circunstancia y situación con el pasar del tiempo es un reto.

Trato de mantener una mentalidad de principiante, pero tengo que admitir que se me hace difícil con frecuencia. Para ayudarme a hacerlo, siempre trato de tener estas tres cosas en mente:

1. Todo el mundo tiene algo que enseñarme.
2. Cada día tengo algo que aprender.
3. Siempre que aprendo algo, me beneficio.

Lo otro que hago es enfocarme en hacer preguntas. Por demasiados años, me enfoqué en dar respuestas. Como líder joven, sentí que eso era lo que se esperaba de mí. Pero tan pronto comencé a superar mi inseguridad, descubrí que hacer preguntas hizo más por mi desarrollo que contestarlas, y en el momento en que hice preguntas intencionalmente y comencé a escuchar, mi crecimiento personal y profesional se disparó. Hacer preguntas podría hacer lo mismo por usted.

3. Las personas educables echan largas y serias miradas al espejo

El novelista James Thom subrayó: "Probablemente el hombre 'hecho a sí mismo' más sincero que hubo jamás fue al que oímos decir: 'Llegué hasta la cumbre por el camino difícil, luchando contra mi propia pereza e ignorancia en cada paso del camino'". ¿Puede identificarse con esa declaración? Ciertamente yo puedo. Soy conocido por escribir y hablar de liderazgo, pero ¡yo soy la persona más difícil que jamás he tenido que liderar!

Llegar a ser y mantenerse educable requiere que las personas se evalúen a sí mismas de manera abierta y sincera continuamente. Siempre que enfrente un reto, una pérdida o un problema, una de las primeras preguntas que tiene que hacerse es: "¿Soy yo la causa?". Ésta es una clave a la educabilidad. Si la respuesta es sí, entonces tiene que estar listo para hacer cambios. De lo contrario, experimentará la sensación de haber pasado por eso antes. Cuando las personas se niegan a mirarse a sí mismas en el espejo y en cambio miran a otras personas o situaciones para culpar, siguen obteniendo los mismos resultados una y otra vez. Reconocer su propia responsabilidad en sus fracasos, buscar soluciones (no importa cuán dolorosas sean), y trabajar duro para establecerlas es prueba de la educabilidad en acción. Y esto lleva a la habilidad para cambiar, crecer y avanzar en la vida.

El médico William Mayo oró: "Señor, líbrame del hombre que nunca comete un error, y también del hombre que comete dos veces el mismo error". No hay nada malo en cometer errores, pero algunas personas responden con repeticiones. Un espíritu educable ayudará a ponerle freno a eso.

4. Las personas educables alientan a otras a que hablen a su vida

Las personas educables tienen que rodearse de personas que les conozcan bien y quienes les hablarán a sus vidas con amor y sinceridad. Sin embargo, eso podría ser un reto, por muchas razones. Primero, usted debe estar dispuesto a desarrollar relaciones fuertes con personas de credibilidad a quienes pueda pedirles que hablen a su vida. Segundo, tienen que tener el valor y la honestidad suficiente para hablarle libremente a usted. Tercero, usted tiene que estar dispuesto a aceptar sus críticas y opiniones sin defenderse. De lo contrario, ¡las recibirá una sola vez!

El proceso se vuelve más complicado cuando ha alcanzado el éxito. Cuando usted es influyente y muy respetado, las personas tienden a decirle lo que quiere oír, y no lo que *necesita* oír. Buscan su aprobación o quieren elogiarlo. Lamentablemente, eso crea una brecha entre lo que usted oye y la realidad. Si se encuentra en esa situación, tendrá que hacer un esfuerzo extraordinario para hacer que las personas cercanas a usted hablen con sinceridad a su vida. Y tendrá que ser sumamente intencional a la hora de observar y escuchar.

Todos necesitan a alguien que tenga la disposición de hablarle a su vida. Idóneamente, debe ser alguien que esté por encima de usted en la organización o que tenga mayor experiencia que usted. Busque indicaciones cuando puede estarse desviando del camino, y pídale a las personas que verifiquen sus sospechas. Estarán más dispuestas a hablarle libremente si antes les ha hablado de sus deficiencias.

5. Las personas educables aprenden algo nuevo cada día

El secreto al éxito de cualquier persona puede encontrarse en su agenda diaria. Las personas no crecen y mejoran a pasos agigantados, sino mediante pasos pequeños y progresivos. La defensora de niños Marian Wright Edelman dijo: “No debemos, al intentar pensar en cómo podemos marcar una gran diferencia, ignorar las pequeñas diferencias diarias que podemos marcar y que, con el tiempo, suman grandes diferencias que a menudo no podemos pasar por alto". Ella entiende que el progreso llega día a día, centímetro a centímetro.

Las personas educables tratan de aprovechar esta verdad aprendiendo algo nuevo cada día. Un solo día no basta para hacernos más grandes o más pequeños. Varios días unidos pueden hacernos mucho más pequeños o mucho más grandes. Si hacemos esto todos los días, día tras día, habrá un gran poder para lograr el cambio.

Los hábitos que ejerza todos los días le formarán o le romperán. Si quiere ser una persona educable que aprende de sus pérdidas, entonces haga del aprendizaje un hábito diario. Puede que no cambie su vida en un día. Pero cambiará todos sus días para siempre.

PRÁCTICAS DIARIAS PARA LLEGAR A SER MÁS EDUCABLE

Si cree en la idea de intentar aprender algo nuevo cada día, pero no sabe cuál es la mejor manera de abordarlo, entonces le recomiendo que lleve a cabo las tres siguientes prácticas todos los días:

1. Preparación

Si quiere estar preparado para enfrentarse a cualquier desafío en un día dado y aprender de ello, necesita estar preparado. Eso significa trabajar de antemano, cada día. Tal como mi viejo mentor John Wooden: "Cuando llega la oportunidad, ya es demasiado tarde para prepararse".

¿Cómo me preparo para cada día de modo que

pueda aprender de él? Comienzo cada mañana con una revisión de mi agenda. Al ver mis compromisos del día, me hago algunas preguntas:

- ¿Dónde están los potenciales momentos de aprendizaje para hoy?
- ¿A quién conoceré y qué puedo preguntarle?
- ¿Qué experimentaré, y qué podría ser capaz de aprender de ello?

Hago el aprendizaje posible al buscar los momentos probables de aprendizaje y prepararme para ellos.

No tiene usted que pasar horas preparándose para cada día, aunque en ocasiones podría tener eventos en su agenda que ameriten tal preparación. Simplemente planifique invertir unos minutos cada mañana o la noche anterior pensando en cómo será su día y en dónde radican las mayores oportunidades posibles para aprender. Se maravillará de cuán frecuentemente puede mejorar con tan solo aprender de las personas y experiencias que son partes de su vida cotidiana.

2. Contemplación

Pasar tiempo a solas es esencial para el aprendizaje. La contemplación permite a las personas observar y reflexionar en los acontecimientos de sus vidas y obtener significado de ellos. Detenernos a pensar nos permite ganar perspectiva tanto de los éxitos como de los fracasos de nuestro día para que podamos encontrar las lecciones contenidas en ellas. También le permite planificar la manera en la cual puede mejorar en el futuro.

Es bueno recordar que hay mucho que aprender de las experiencias negativas. En la ciencia, los errores siempre anteceden los descubrimientos. Es imposible lograr descubrimientos sin una acumulación de errores. Para el científico, el error no es un fracaso sino una crítica constructiva. Utilizando esa crítica constructiva, el científico no tan sólo puede preguntarse "¿qué pasó?", sino "¿qué significa?". Eso es el resultado del uso de destrezas de pensamiento crítico. Sin ellas, nos perdemos el significado de los sucesos en nuestras vidas.

Cuando las lecciones que aprendemos provienen de errores, primero debemos determinar si el error se debió a la ignorancia o la estupidez. La *ignorancia* significa que no tuvimos la información necesaria; la *estupidez* significa que tuvimos la información necesaria pero la utilizamos mal.

Al pasar tiempo en la contemplación, hágase preguntas como éstas:

- ¿Qué puedo aprender de lo que leí hoy?
- ¿Qué puedo aprender de lo que vi hoy?
- ¿Qué puedo aprender de lo que oí hoy?
- ¿Qué puedo aprender de lo que experimenté hoy?
- ¿Qué puedo aprender de lo que hice mal hoy?
- ¿Qué puedo aprender de quienes conocí hoy?
- ¿Qué puedo aprender de lo que hablé hoy?

Recomiendo que separe treinta minutos al final de cada día para pensar en las pasadas veinticuatro horas, contemplar lo ocurrido y lo que puede aprender de ello. No tan solo le ayudará eso a permanecer educable, sino que aprenderá algo cada día debido al proceso.

3. Aplicación

El verdadero valor de la educabilidad llega cuando tomamos algo que aprendemos y lo aplicamos. Podemos aprender mucho de nuestros errores si nos mantenemos siendo educables. No todos hacen eso. Cuando las personas cometen errores, generalmente hacen una de tres cosas como respuesta a ellos: Deciden no volver a cometer otro error, lo cual es imposible. Permiten que sus errores los conviertan en cobardes, lo cual es necio. En contraste, las personas exitosas deciden aprender de sus errores y aplicar las lecciones a sus vidas, lo cual es provechoso. Así es como ganan.

Yo trato de aprender algo nuevo cada día. Y como hago eso, el ámbito de lo que aprendo sigue creciendo, y no menguando. Recientemente un amigo me preguntó que cuántos libros más quería escribir. No tengo un número específico. La respuesta se determinará si sigo manteniéndome educable y si sigo aplicando lo que aprendo. Entretanto siga aprendiendo, seguiré teniendo algo que decir.

8

Venza la adversidad

El catalizador del aprendizaje

Creo que uno de los momentos en que las personas cambian es cuando han pasado dolor a tal grado que tienen que hacerlo. El autor y profesor Robertson Davies dijo: "Las personas extraordinarias sobreviven bajo las peores circunstancias y después llegan a ser más extraordinarias a causa de ello". El dolor de la adversidad jamás nos deja siendo los mismos, pero si se trabaja bien, puede ser el catalizador para el cambio positivo.

La mayoría de las veces no decidimos nuestra adversidad, pero siempre podemos elegir nuestra respuesta a ella. *Si* respondemos positivamente ante la dificultad, el desenlace potencial será positivo. *Si* respondemos negativamente, el desenlace potencial será negativo. Por eso denomino a nuestra respuesta "el factor *si*".

Hay un relato de una joven que se quejó a su padre de su vida y de lo difícil que se le hacían las cosas. La adversidad de la vida la estaba abrumando, y quería rendirse.

Mientras la escuchaba, su padre llenó tres ollas de agua, y las puso a hervir en la estufa. Colocó rebanadas de zanahoria en la primera olla, huevos en la segunda, y café molido en la tercera. Las dejó hervir por unos minutos y luego colocó las zanahorias, los huevos y el café ante ella en tres recipientes.

"¿Qué ves?", le preguntó.

"Zanahorias, huevos y café", respondió ella.

El padre le pidió que palpara las zanahorias. La joven tomó un pedazo y lo apretujó entre sus dedos. Entonces él le pidió que examinara un huevo. Lo tomó, partió el cascarón y vio el huevo duro en su interior. Por último, él le pidió que probara el café. La joven sonrió al probar su rico sabor.

"¿Y qué significa?", preguntó la joven.

"Cada ingrediente estuvo sujeto a lo mismo, a agua hervida, pero cada uno reaccionó de manera distinta. Las zanahorias se echaron duras. Pero luego de estar en el agua hirviendo, se ablandaron. El huevo era frágil, con un cascarón fino en el exterior y líquido en su interior. Pero salió endurecido. El café cambió poco. Pero cambió el agua con un delicioso sabor".

"¿Cuál de ellos eres tú?", preguntó el padre. "Cuando enfrentas la adversidad, ¿cómo respondes? ¿Eres la zanahoria, el huevo o el grano de café?".

La vida está llena de adversidad. Podemos ser aplastados por ella. Podemos permitir que nos endurezca. O podemos aprovecharla al máximo, mejorando así la situación. Como dijo el primer ministro británico Winston Churchill: "He devengado un beneficio continuo de las críticas en todos los períodos de mi vida, y no recuerdo ningún momento en que me hayan faltado". Ya que va a enfrentar adversidad, ¿por qué no aprovecharla al máximo?

LAS VENTAJAS DE LA ADVERSIDAD

La adversidad es un catalizador del aprendizaje. Bien puede crear ventajas para usted *si* la enfrenta con la mentalidad correcta. Todo depende de cómo usted reaccione ante la adversidad. Esto es lo que quiero decir:

1. La adversidad nos presenta a nosotros mismos si queremos conocernos a nosotros mismos

La adversidad siempre capta nuestra atención. No la podemos ignorar. Nos hace detenernos y evaluar nuestra situación. Y a nosotros mismos también, si tenemos la valentía. La adversidad es una oportunidad para el autodescubrimiento. Como dijo el gran líder egipcio Anwar el-Sadat: "Mucho sufrimiento edifica al ser humano y lo pone al alcance del conocimiento de él mismo". Creo que esto es cierto, si lo recibimos así.

Lamentablemente, muchas personas deciden ocultarse durante los momentos de adversidad. Edifican muros, cierran los ojos, huyen, se medican a sí mismos, o hacen lo que tengan que hacer para evitar lidiar con la realidad de la situación. Son como el Sargento Schultz en la comedia televisiva *Hogan's Heroes*. Cada vez que ocurría algo que no querían reconocer, decían: "No sé nada. No veo nada".

Si esa es su respuesta ante la adversidad, jamás entenderá la situación ni a usted mismo.

Uno de mis libros favoritos es *Como un hombre piensa así es su vida* por James Allen. Mi padre requirió que yo lo leyera cuando estaba en la secundaria. Una de las ideas que dejó la mayor impresión en mi juventud fue esta: "La circunstancia no hace al hombre; le revela a sí mismo". Esto es cierto, pero sólo *si* permite que lo sea.

La adversidad me ha revelado a mí mismo en muchas ocasiones durante el transcurso de mi vida. Ha abierto mis ojos. Ha sondeado las profundidades de mi corazón. Ha probado mis fuerzas. Y me ha enseñado muchas cosas. Estas son algunas de las lecciones que he aprendido:

- Cuando me he desviado del curso y parezco perdido, he aprendido que la carretera hacia el éxito no siempre es una carretera.
- Cuando he estado agotado y frustrado, he aprendido que los tiempos de prueba no son el momento para dejar de intentarlo.
- Cuando he estado desalentado con mi progreso, he aprendido a no permitir que lo que estaba haciendo me venciera antes de ser yo el vencedor.
- Cuando he fracasado, he aprendido que no seré juzgado por el número de veces en que he fracasado, sino por el número de veces en que he tenido éxito.

La adversidad me ha presentado a la tenacidad, la creatividad, al enfoque, y a muchas otras cosas positivas que me han ayudado a quererme más a mí mismo. El novelista y compositor Samuel Lover aseveró: "Las circunstancias son los gobernadores del débil; pero son los instrumentos del sabio". Si respondo negativamente a mis circunstancias, me mantendrán esclavizados a ellas. Si respondo sabiamente, mis circunstancias me servirán.

2. La adversidad es mejor maestra que el éxito si queremos aprender de la adversidad

La adversidad nos llega como una herramienta de enseñanza. Tal vez haya oído el refrán: "Cuando el alumno esté listo, se presentará el maestro". Eso no es necesariamente cierto. Con la adversidad, llegará el maestro, esté listo el alumno o no. Aquellos que están listos aprenden del maestro. Los que no lo estén no aprenderán. El filósofo y autor Emmet Fox dijo: "Es la ley que muchas dificultades que pueden llegar a usted en cualquier momento, independientemente de cuáles sean, deben de ser exactamente lo que usted necesita en el momento, para permitirle dar el siguiente paso hacia adelante al vencerlas. La única verdadera desgracia, la única verdadera tragedia llega cuando sufrimos sin aprender la lección". La clave para evitar esa tragedia es *querer* aprender de las dificultades de la vida.

El consejo de Oprah Winfrey de "convertir sus heridas en sabiduría" puede llegar a ser cierto para nosotros solamente *si* queremos aprender de nuestras heridas. Requiere la mentalidad correcta y una intención deliberada para encontrar la lección en la pérdida. Si no nos aferramos a esas cosas, entonces lo único que nos queda son las cicatrices.

3. La adversidad abre puertas a nuevas oportunidades si queremos aprender de ella

Una de las lecciones más grandes que aprendí como líder es que, con frecuencia, la adversidad es la puerta para la oportunidad. Los empresarios exitosos saben esto por instinto, pero la mayoría de las personas han sido entrenadas para ver la adversidad de la manera incorrecta. Como conferenciante y cofundadora de la empresa Rich Dad Company, Kim Kiyosaki, observó: "A la mayoría de nosotros nos enseñan, comenzando en la guardería, que los errores son malos. Con cuánta frecuencia no habrá oído usted: '¡No cometa un error!'. En la realidad, el modo en que aprendemos es *cometiendo* errores. Un error simplemente le muestra algo que usted no sabía. Una vez que comete el error, entonces lo sabe. Piense en la primera vez que tocó usted un fuego (el error). Al cometer ese error, usted aprendió que si toca un fuego, se quema. Un error no es malo; está ahí para enseñarle algo".

Cuando muchos enfrentan la adversidad, permiten que ello les desanime. En su lugar, tienen que buscar el beneficio o la oportunidad. Siempre que enfrente dificultades, ¿está viendo usted las oportunidades? ¿Está buscando maneras para tomar ventaja de ellas? Cuando los precios de los inmuebles están bajos; hay una oportunidad. ¿La ve? Cuando los intereses están bajos; eso brinda buenas oportunidades. Toda adversidad trae consigo una ventaja. ¿La va a aprovechar al máximo? ¿O va a dejar que la adversidad le desanime?

4. La adversidad puede ser señal de una transición positiva a suceder si respondemos correctamente a ella

En el 1915, las personas de Coffee City, Alabama, fueron devastadas al enterarse que su cosecha de algodón fue consumida por una plaga de gorgojos. La economía total de la región estaba basada en el algodón. ¿Qué harían? El científico George Washington Carver sugirió a los campesinos locales que cultivaran cacahuates.

Cuando llegó la cosecha, Carver pudo mostrar cómo el cacahuate se podía usar para crear químicos necesarios en la confección del jabón, la tinta, los plásticos y los cosméticos. Abrió la economía a nuevos cultivos y a un nuevo futuro. Hoy día, los cacahuates siguen siendo un cultivo vital en el sur de los Estados Unidos. Qué dichoso para todos que Carver vio la oportunidad para una transición, brindada por la adversidad.

La vida de una persona exitosa se compone de una transición tras otra. Estar estático no es una opción en la vida. El tiempo siempre se mueve hacia adelante. No podemos detenerlo, ni tampoco detener sus efectos. Precisamos hacer cambios, y con frecuencia, la adversidad puede ser el catalizador. James Allen escribió: "Permita que una persona se regocije cuando es confrontada con obstáculos, porque eso significa que ha llegado al final de alguna línea particular de indiferencia o de necedad, y ahora es llamada a reunir toda su energía y su inteligencia a fin de zafarse a sí misma y encontrar un camino mejor; las capacidades que hay en su interior claman por una mayor libertad, y por un ejercicio y ámbitos más amplios".

5. La adversidad produce beneficio y también dolor si la esperamos y la planeamos

En la vida, todos deberíamos esperar el dolor. Es parte de la vida. Es parte de la pérdida. La pregunta es: ¿Va a permitir que eso evite que usted haga lo que quiere y necesita hacer? ¿O va a aprender de él y usar la experiencia para ayudarle a ganar?

Nadie dice nunca: "Vamos por la medalla de plata". Deportistas, entrenadores y fanáticos siempre dicen: "¡Vamos por la medalla de oro!". ¿Por qué? Porque el oro representa lo mejor. Si usted va a soportar el dolor necesario para competir, ¿por qué no competir para ganar?

Las personas exitosas esperan experimentar dolor cuando se enfrentan a la adversidad. Lo planean; y al planearlo, se preparan para beneficiarse de ello. Fred Smith dijo una vez: "Escuché a Bob Richards, medallista olímpico de oro, entrevistar a jóvenes ganadores olímpicos de oro. Les preguntó: "¿Qué hiciste cuando comenzó a doler?". Fred destaca que ninguno de los olímpicos quedó sorprendido por la pregunta.

Ellos esperaban el dolor, y tenían una estrategia para manejarlo. Tal como resumió Bob Richards: "Nunca se gana el oro sin sufrimiento".

6. La adversidad escribe nuestra historia, y será una buena historia si nuestra respuesta es la correcta

Algunas personas tratan la adversidad como un peldaño, y otras la tratan como una lápida. La diferencia en la manera que la abordan depende de cómo la vean. El psicólogo de rendimiento, Jim Loehr, dice: "Los campeones nos han enseñado a cómo tomar una experiencia y básicamente escribir la historia de su efecto. Si considera el fracaso como una oportunidad de aprender y mejorar, lo será. Si lo percibe como un golpe mortal, lo será. De ese modo, el poder de la historia es más importante que la experiencia misma".

Cuando usted responde correctamente a la adversidad, la considera como algo que puede ayudarle a ser mejor de lo que antes era. ¿Qué clase de historia escribirá la adversidad en su vida? Espero que la suya sea positiva.

La adversidad sin triunfo no inspira; es deprimente. La adversidad sin crecimiento no es alentadora; es desalentadora. La gran historia potencial en la adversidad es una de esperanza y éxito. La adversidad es de todos, pero la historia que usted escriba con su vida es únicamente suya. Todo el mundo tiene la oportunidad de ser el héroe en lo que podría ser una historia potencialmente grandiosa. Algunos desempeñan el rol y otros no. La decisión es suya.

9

Espere los problemas

Las oportunidades del aprendizaje

Creo que es importante que recordemos que todos tienen problemas, no importa cuál sea su situación en la vida. A veces miramos la vida de los demás, y si son sumamente exitosos y parecen tenerlo todo en orden, asumimos que no tienen problemas. O creemos que los problemas de ellos son más fáciles de lidiar que los de nosotros. Esta es una falsa creencia. Por ejemplo, Jeff Immelt es el presidente ejecutivo de General Electric, una posición que la mayoría de los líderes respetan grandemente. Las personas podrían asumir que la posición elevada de Immelt lo guardaría de los problemas. Pero Immelt dijo lo siguiente después de los ataques del 11 de septiembre: "Mi segundo día como presidente, un avión que yo arrendo, que vuela con motores que yo construí, se estrella contra un edificio que yo aseguro, y fue cubierto por una red de la que soy dueño". Ése es un día con muchos problemas.

NO HAGA ESTO...

La clave para vencer los problemas y aprender de ellos es abordarlos de la manera correcta. Con el pasar de los años, he aprendido que los problemas mejoran o empeoran basado en lo que usted hace o no hace cuando los enfrenta. Primero, permítame decirle qué no hacer:

1. No subestime el problema

Muchos problemas se quedan sin resolver o se manejan inefectivamente, porque no los tomamos en serio. Hace años, leí un libro maravilloso por Rober H. Schuller titulado *Tough Times Don't Last But Tough People Do!* [Los tiempos duros no perduran, ¡pero sí las personas duras!]. El siguiente párrafo me ayudó como líder joven a encontrar una visión más realista de mis problemas y de mí mismo:

> Nunca subestime un problema o su capacidad para manejarlo. Entienda que el problema que afronta ha sido afrontado por millones de seres humanos. Usted tiene potencial sin descubrir para tratar un problema si se toma en serio el problema y sus propias capacidades aún no desarrolladas ni canalizadas. Su reacción ante un problema, tanto como el problema en sí mismo, determinará el resultado. He visto a personas afrontar los problemas más catastróficos con una actitud mental positiva, convirtiendo sus problemas en experiencias creativas. Ellos convirtieron sus cicatrices en estrellas.[6]

Al leer ese párrafo por primera vez, me inspiré. Me hizo creer que el tamaño de la persona es más importante que el tamaño del problema.

2. No sobrestime el problema

Algunas personas experimentan un problema tres o más veces. Lo experimentan la primera vez cuando se preocupan por el problema. Lo sufren una segunda vez cuando de verdad ocurre. ¡Y lo viven otra vez al seguir reviviéndolo!

Yo he hecho eso, ¿y usted? Cuando me enfrento a un problema, mi primer instinto es a menudo exagerar su impacto. ¡Haga eso y estará derrotado antes de que el problema ni siquiera ocurra!

En una entrevista, el autor de liderazgo y profesor John Kotter dijo que uno de sus estudiantes ejecutivos le entregó una carta de dos páginas que su presidente ejecutivo le había enviado. La primera parte decía: "Estamos en un lío. La negación no ayuda. Aquí hay algunas estadísticas para mostrarlo".

La segunda parte decía: "Conviene mirar la historia. Hace treinta años atrás, esta empresa estaba en peor situación. Y véanos ahora. Somos diez veces más grandes. La economía estadounidense tenía recesiones más profundas cada veinte años durante el siglo XIX. Y aquí estamos: la nación más poderosa de toda la tierra".

La tercera parte decía: "Tenemos que unir esfuerzos y lidiar con esto, y va a comenzar conmigo. Voy a hacer mi mayor esfuerzo para averiguar, primero, cómo esto no nos afecta, y segundo, cómo podemos encontrar oportunidades en esto. Porque hay oportunidades".

La última parte decía: "Esto es lo que voy a hacer, y en esto es que necesito su ayuda". La nota final fue esperanzadora pero no ingenua.

Me parece que el presidente ejecutivo estaba haciendo su mejor esfuerzo por no sobreestimar ni subestimar el problema que enfrentaba la compañía, sino para verlo de modo realista y abordarlo.

3. No espere que el problema se resuelva por sí solo

Eso nos lleva a la próxima lección que he aprendido acerca de los problemas. No puede esperar a que se resuelvan por sí solos. La paciencia es una virtud en la resolución de los problemas si a la misma vez usted está haciendo todo para resolver la situación. No es una virtud si usted está esperando que el problema se resuelva por sí solo o sencillamente desaparezca.

Los problemas exigen que les prestemos atención. ¿Por qué? Porque casi siempre empeoran si se les deja por cuenta propia. Nina DiSesa, quien estuvo a cargo de la agencia publicitaria McCann Erickson a finales de los noventa observó: "Cuando usted entra en una situación de cambios, seguramente puede asumir cuatro cosas: la moral está baja, el temor está alto, las buenas personas están a punto de salir por la puerta, y los holgazanes se ocultan". Esas cosas no van a mejorar por sí solas. Requieren una resolución de problemas intencional y un liderazgo activo.

4. No agrave el problema

No sólo los problemas no se resuelven por sí solos, sino que podemos empeorarlos por el modo en que respondemos a ellos. Una de las cosas que le he dicho a mi equipo de trabajo por años es que los problemas son como incendios, y cada persona lleva consigo dos cubetas. Una cubeta tiene agua, y la otra gasolina. Cuando usted enfrenta un problema, puede usar la cubeta de agua para tratar de extinguir el fuego. O puede echarle gasolina y hacerlo estallar. El mismo problema, dos resultados diferentes.

Tomar una situación potencialmente volátil y empeorarla es sólo una manera de agravar un problema. También podemos empeorar los problemas al responder a ellos inadecuadamente. Algunas de las maneras en las que podemos hacer eso incluyen:

- Perder nuestra perspectiva
- Renunciar a prioridades y valores importantes
- Perder nuestro sentido del humor
- Sentir lástima por nosotros mismos
- Culpar a otros de nuestra situación

En cambio, necesitamos enfocarnos en permanecer positivos. El autor Norman Vincent Peale afirmó: "El pensamiento positivo es cómo piensa usted sobre un problema. El entusiasmo es cómo se siente sobre un problema. Ambas cosas juntas determinan lo que usted hace con respecto a un problema".

HAGA ESTO...

Si quiere vencer los problemas y convertirlos en oportunidades para el aprendizaje, entonces recomiendo que haga lo siguiente:

1. Anticipe el problema

Dicen que el puño que noquea no es necesariamente el más duro, sino el que no se veía venir. En cierta ocasión leí acerca de un prisionero en Sydney, Australia, quien tuvo éxito en fugarse de la cárcel. Se escondió debajo de un camión de reparto que se había detenido brevemente en el almacén de la prisión. Se agarró desesperadamente mientras el camión salía de la cárcel. Unos momentos después, cuando al fin el camión se detuvo, el prisionero cayó al suelo y se alejó rodando hacia la libertad. Lamentablemente, descubrió que ahora estaba en un patio interior de otra prisión a cinco millas de distancia de la primera. Eso sí que no se lo esperaba.

Por supuesto, la anticipación de los problemas no significa estar preocupado todo el tiempo por cada cosa que *podría* salir mal. Disfruto el relato del hombre que fue despertado por su esposa, porque pensó que había oído a un ladrón en el piso inferior. Él se levantó lentamente, bajó las escaleras malhumorado, y se encontró de frente con el cañón de una pistola. El ladrón le ordenó que le entregara todos los objetos de valor de la casa, y se aprestó a salir. El esposo le detuvo. "Antes de irse", le dijo, "me gustaría que subiera al piso superior y conociera a mi esposa. Ella le ha estado esperando cada noche durante más de treinta años".

2. Comunique el problema

El ex entrenador principal de fútbol americano colegial, Lou Holtz, decía bromeando: "¡No le cuente sus problemas a la gente! Al ochenta por ciento no les importa, y el otro veinte por ciento se alegra de que los tenga". Me río siempre que pienso en esa declaración, porque contiene bastante verdad. Por otra parte, si trabajamos con otras personas, *debemos* comunicar nuestro problema a las personas a quienes les afectará. Les debemos eso. Además, la solución estriba en recibir ayuda de otra persona que puede ayudarnos a resolverlo.

Cuando me preparo para comunicar sobre un problema, primero trato de recopilar información y descubrir las experiencias y perspectivas de las personas. Ese proceso me ayuda a entender mejor lo que está pasando y de dónde viene cada uno. A veces descubro que el problema que tenemos no es el problema que creí que era. En ocasiones descubro que el problema que me preocupaba no era un problema. O que las personas en el equipo ya lo estaban resolviendo. Pero no importa si envuelve familia, amigos, empleados o compañeros de equipo, cuando se enfrentan los problemas, es crucial que todos estén de acuerdo y trabajen juntos en la solución.

3. Evalúe el problema

Dicen que nunca debería abrir una lata de gusanos a menos que vaya a pescar. Con frecuencia, he estado presto a abrir la lata sin primero pensar bien en la situación. Habría sido mejor intentar evaluarla antes. ¿Cómo se hace eso? Primero, tiene que preguntarse: *¿Cuál es el problema?* Si alguien dice que la luna está a una distancia de cien millas de la tierra, no es problema. Déjelo quieto. A menos que usted sea un científico, eso no importa. Si alguien está a punto de comer comida envenenada, trátelo inmediatamente. Usted tiene que ajustarse al tamaño y al peso del problema. En ocasiones, eso es difícil de hacer, particularmente para una persona tipo A que quiere estar en todas. Para evitar hacer eso, llevo años con una tarjeta laminada sobre mi escritorio con la pregunta: "¿VERDADERAMENTE IMPORTA esto?". Eso me ayudó a mantener la perspectiva cuando se discute un asunto.

La segunda pregunta que hay que hacerse es: *¿Quiénes están envueltos?* A menudo, los problemas son problemas debido a las personas que están en medio de la situación. Algunos son como Charlie Brown en el especial de televisión clásico de *Rabanitos*, *A Charlie Brown Christmas* [La Navidad de Charlie Brown]. Cuando no logra entrar en el espíritu navideño, Linus le dice: "Eres la única persona que conozco que puede tomar una temporada maravillosa como la Navidad y convertirla en un problema".

Trate de mantener la perspectiva al evaluar los problemas, y siempre tenga la meta presente. Cuando vivía en el sur de Indiana, vi algo que capturó esta idea con precisión. Era un rótulo en un cercado de finca que decía: "Si cruza este campo, más vale que lo haga en 9.8 segundos. El toro puede cruzarlo en 10 segundos".

4. Agradezca el problema

Agradecer un problema resulta contradictorio a la intuición de muchas personas. La mayoría de las personas ven los problemas como una molestia y tratan de evitarlos. Sin embargo, si tenemos la actitud correcta y apreciamos el problema, no tan solo trabajaremos más duro para resolverlo, sino que aprenderemos de él, y creceremos como resultado. Los problemas siempre traen oportunidades, y las oportunidades siempre traen problemas. Ambas van de la mano. Si podemos aprender a apreciar esa verdad, podremos tener una ventaja verdadera en la vida.

Un problema no es verdaderamente un problema a menos que le permita ser un problema. Un problema es realmente una oportunidad. Si puede verlo así, entonces cada vez que enfrente un problema, entenderá que está realmente de frente ante una oportunidad. Al menos, es una oportunidad para aprender. Pero podría ser aun más si busca resolverlo con la actitud correcta.

Si quiere ganar el beneficio pleno de cada problema, reto y pérdida, deje de buscar la salida y enfrente la dificultad con la determinación para ganar algo de ello. Haga eso, y podría ser un héroe en su propia vida.

10

Comprenda las malas experiencias

La perspectiva del aprendizaje

En el año 2000, estaba trabajando en mi libro, *Las 17 leyes incuestionables del trabajo en equipo.* Como un mes antes de la fecha de entrega del manuscrito, se me pautó un viaje de dos semanas de conferencias en África. Y pensé: *Qué gran oportunidad para terminar de escribir el libro.* Y así fue. Aún recuerdo la satisfacción que sentí en las Cataratas Victoria, cuando terminé la obra. Fue el mismo día que estaba pautado para regresar a los Estados Unidos. Con un gran sentido de logro y cumplimiento, coloqué el manuscrito en mi maletín y regresé a casa.

Al llegar a los Estados Unidos, mi yerno Steve me recogió en el aeropuerto de Atlanta. Luego del largo vuelo tenía hambre, así que nos detuvimos para recoger algo de comida mexicana a la salida de Atlanta, y luego nos fuimos. Mientras Steve manejaba, yo estaba en el asiento de pasajero preparándome para comer, pero se me cayó el tenedor. Traté de alcanzarlo, pero me resultó imposible. "¿Steve, podrías detenerte?", le pregunté por fin. Y Steve, ya acostumbrado a este tipo de cosas de mi parte, se detuvo a la orilla de la carretera mientras yo hacía mi búsqueda. Salí, moví el maletín, el cual estaba al lado mío en el piso, y allí estaba el tenedor. ¡Fantástico! ¡Al fin podría comer! Me monté en el auto, y nos fuimos. Como a los veinte minutos, luego de haber terminado de comer, miré y dije: "¿Dónde está mi maletín?". Entonces fue que me acordé. Cuando estaba buscando el tenedor, había sacado el maletín y lo había dejado a la orilla de la carretera. *¡Y jamás lo volví a meter en el auto!*

La pérdida del maletín era mala de por sí, pero ustedes tienen que entender que yo no uso computadora cuando escribo. Escribo todo a mano en una libreta tamaño legal. No hay copia de seguridad. Tan solo hay una copia, y esa copia representa meses de trabajo. La única copia del manuscrito estaba en mi maletín.

Ya habíamos viajado veinte millas antes de que me diera cuenta de lo que había hecho. En el instante en que lo realicé, viramos y regresamos al lugar en donde nos detuvimos. ¡Pero el maletín y mi manuscrito habían desaparecido!

Durante los días subsecuentes, estuve abrumado por las emociones. Sentí:

- *Estupidez:* Me pregunté cómo alguien podría ser tan inteligente como para escribir un libro y tan necio como para dejarlo a la orilla de la carretera.

- *Ansiedad:* Era desesperante pensar que jamás volvería a ver mi maletín, así que me pasé horas escribiendo lo que podía recordar del manuscrito. Después de un par de días, llegué a la conclusión de que podía volver a escribir el libro, pero demoraría al menos seis meses. Y como me sentía tan mal emocionalmente, tenía la certeza de que no sería tan bueno como el original.
- *Frustración:* Parecía que no había forma de cumplir con la fecha de entrega de la casa editorial. Había desperdiciado meses de mi tiempo. Si tan solo hubiera hecho una copia. Pero no lo hice.
- *Desesperación:* Entonces empecé a dudar de mí mismo. *¿Y qué si no podía volver a escribir el libro?*, me preguntaba.

Pero en medio de mi desánimo, mi asistente Linda Eggers estaba impávida. Ella comenzó a llamar a cuarteles de la policía local a ver si alguien les había entregado un maletín. Al cuarto día, Linda se sacó el premio gordo. El maletín había sido entregado. Mejor aún, tenía todo su contenido original, incluyendo el manuscrito. Todos nos regocijamos, el libro fue publicado, y todo terminó bien. Sin embargo, hasta el sol de hoy, cuando tomo una copia de *Las 17 leyes incuestionables del trabajo en equipo* pienso en mi mala experiencia y en las lecciones que aprendí de ella, que incluye entregarle ahora a Linda cada capítulo del manuscrito según los voy terminando.

PONER SUS PÉRDIDAS EN PERSPECTIVA

Es obvio que nadie busca tener una mala experiencia. Pero la realidad es que las experiencias negativas que vivimos nos pueden hacer algún bien, si estamos dispuestos a permitirlo. La próxima vez que tenga una mala experiencia, permítale que le ayude a hacer lo siguiente:

1. Aceptar su humanidad

Por más que lo intentemos, por más talento que tengamos, ni cuán altos sean nuestros estándares, fallaremos. ¿Por qué? Porque somos humanos. Nadie es perfecto, y cuando tenemos malas experiencias, debemos permitir que eso nos sea un recordatorio de que tenemos que aceptar nuestras imperfecciones.

Cuando tenga una mala experiencia, espero que se conceda alguna gracia, ya sea un asunto que esté más allá de su control o que usted haya cometido un error. Usted es tan solo un ser humano, y no debe esperar ser perfecto.

2. Aprender a reírse de sí mismo y de la vida

He descubierto que si estoy dispuesto a ver el humor en mis malas experiencias, nunca tendré carencia de cosas de las cuales reírme. ¿Acaso lo arregla todo la risa? Tal vez no sea así. Pero sí nos ayuda. La risa es como cambiarle el pañal a un bebé; no resuelve el problema de manera permanente, pero hace que la situación sea más aceptable por un tiempo.

A veces cuesta ver el humor en medio de una experiencia difícil. Con frecuencia me digo a mí mismo: "Esto no es gracioso hoy. Pero podría serlo mañana". ¿Cuán liviana sería su carga si encuentra la manera de reírse cuando enfrenta las malas experiencias?

3. Mantener la perspectiva correcta

Cuando pase por una mala experiencia, ¿cuál de las siguientes frases está más en línea con su pensamiento?

- Nunca quise hacer esa tarea en un principio, de modo que ¿a quién le importa?
- Soy un fracaso y mi vida ha terminado.
- Quiero rendirme y nunca más volver a intentarlo.
- Estoy obteniendo experiencias de mis errores; me pregunto si podría conseguir algo de ayuda.
- Ahora conozco tres maneras que no funcionarán, así que volveré a intentarlo.

Su respuesta dice más acerca de su perspectiva que de la mala experiencia. Por eso es que las respuestas a la misma mala experiencia pueden ser tan variadas.

El autor y conferenciante Dennis Waitley dice: "Los errores son dolorosos cuando suceden, pero años después, una colección de errores es lo que se denomina experiencia". Ver las dificultades como experiencia es cuestión de perspectiva. Es como la diferencia entre ir al mar siendo un niño y siendo un adulto. De niño, las olas se ven inmensas, y teme que le puedan abrumar. De adulto, las mismas olas pueden ser una fuente de relajamiento y diversión.

Al enfrentar dificultades, mantener la perspectiva no siempre es fácil, pero es algo por lo cual vale la pena luchar. Mientras se esfuerce en mantener el punto de vista correcto, trate de mantener estas tres cosas en mente:

NO BASE SU VALÍA EN UNA MALA EXPERIENCIA

Usted no es su rendimiento. Y no tiene que definirse de acuerdo a sus peores momentos. Así que no base su autoimagen en esas cosas. En cambio, trate de entender y aceptar su valor como ser humano. Si fracasa, jamás se diga a sí mismo: "Soy un fracaso". Mejor mantenga las cosas en perspectiva y diga: "Fallé esta vez, pero estoy bien. ¡Todavía puedo ser un ganador!".

NO SIENTA LÁSTIMA DE USTED MISMO

Una de las peores cosas que puede hacer para perder perspectiva es comenzar a sentir lástima de usted mismo. Bueno, si tiene una mala experiencia, puede sentir autocompasión por veinticuatro horas, pero después de eso, levántese y camine de nuevo. Porque si empieza a regodearse en ello, podría estancarse. Si se encuentra en las postrimerías de una mala experiencia, trate de recordar que aún está respirando, que podría ser peor. Intente enfocarse en lo bueno que puede sacar de la dificultad. Debido a la experiencia que ha ganado, podría hasta ayudar a otros que han pasado por dificultades similares.

CONSIDERE SUS FRACASOS COMO UN PROCESO PARA APRENDER Y SUPERARSE

Cuando fracasamos o tenemos una mala experiencia, necesitamos aprender a ser semejantes a los científicos y los inventores. Cuando su trabajo fracasa, lo llaman un experimento que no dio resultado. O dicen que pusieron una hipótesis a prueba. O lo tildan de colección de datos. Ellos mantienen su perspectiva, evitan tomarlo de forma personal, y lo canalizan hacia éxitos futuros. Qué manera tan estupenda de ver las cosas.

4. No se rinda

El nadador Eric Shanteau denominó las eliminatorias olímpicas del 2004 del Equipo Nacional de Natación de los Estados Unidos como “la experiencia más devastadora de mi vida”. Esa es una tremenda aseveración dado que Shanteau fue diagnosticado con cáncer en el 2008. ¿Qué haría de esta eliminatoria una experiencia tan difícil para él? Terminó en tercer lugar, y solo los primeros dos lugares logran clasificar para el Equipo Nacional. De hecho, ocurrió dos veces durante esas eliminatorias. Perdió el segundo lugar en el medley individual de 400 metros por 0,99 segundos, y en el medley individual de 200 metros por 0,34 segundos.

Tal vez haya querido rendirse, pero él no lo hizo. Volvió a la piscina y entrenó por cuatro años más. En el 2008, su recompensa fue que clasificó para el Equipo Nacional en los 200 metros al estilo braza. Aunque no clasificó para medalla en Beijing, nadó su mejor marca personal. Siguió entrenando y regresó a las Olimpiadas del 2012 en Londres. Ganó medalla de oro al nadar al estilo braza del medley de relevos de 4 por 100 metros.

¿Qué sabe Shanteau acerca de las malas experiencias que las demás personas ignoran? Él sabe que:

- El fracaso es el costo de buscar nuevos retos.
- El noventa por ciento de las personas que fracasan no estuvieron realmente derrotadas; simplemente se rindieron.
- Hay dos tipos de personas con respecto a los reveses: los salpicadores, que caen al suelo, se revientan y se quedan tirados; y los rebotadores, que se dan duro con el suelo, se recuperan y vuelven a la carga.
- El éxito radica en haber hecho el esfuerzo; el fracaso radica en nunca haberlo intentado.
- La mayoría de los fracasados son personas que tienen la costumbre de poner excusas.

Si quiere tener éxito en la vida, no puede rendirse.

5. No permitir que su mala experiencia se convierta en una peor experiencia

Una de las cosas que es peor que una mala experiencia es permitir que esa mala experiencia se convierta en una aún peor, si tiene el poder para evitarlo. ¿Cómo gana el poder para reconocer el momento en que una experiencia va de mal en peor? Al aprender de experiencias previas utilizando las destrezas de un pensamiento crítico.

Si se encuentra en una mala experiencia, una de las primeras cosas que debe tratar de hacer es determinar si la mala experiencia es el resultado de la estupidez o la ignorancia. La ignorancia significa que no tenía el conocimiento necesario para hacer lo correcto. Apenas se puede culpar a una persona de eso. La estupidez es el resultado de saber lo que hay que hacer, pero no actuar sobre ese conocimiento. Las malas experiencias basadas en la ignorancia requieren aprendizaje. Si tiene un espíritu educable, como mencioné en el capítulo siete, entonces no tan solo puede impedir que una mala experiencia se vuelva una peor, sino que puede mejorarla. En cambio, las malas experiencias basadas en la estupidez normalmente resultan de una falta de disciplina y de malas decisiones. Cambiar eso requiere no solo educabilidad, sino también un cambio de conducta. Si no hace esos cambios, las malas experiencias seguirán llegando y seguirán empeorando.

6. Permitir que la mala experiencia le conduzca a una buena experiencia

Todos se pueden identificar con tener malas experiencias en la vida, pero no todos trabajan para convertir las malas experiencias en otras buenas. Eso es posible únicamente cuando convertimos nuestras pérdidas en experiencias de aprendizaje. Recuerde que las malas experiencias son malas solamente si no aprendemos de ellas. Y las buenas experiencias casi siempre son el resultado de las malas experiencias previas.

Por años he sido coleccionista de bolígrafos. Tal vez eso se deba a que en realidad utilizo un bolígrafo, y no una computadora, al escribir. En mi búsqueda de bolígrafos interesantes, me encontré con un relato muy interesante acerca de un joven agente de seguros que llevaba bastante tiempo trabajando para ganar a un cliente nuevo. Por fin tuvo éxito y convenció al hombre para que hiciera una póliza sustanciosa.

El agente llegó a la oficina del cliente con el contrato listo para firmar. Lo colocó sobre el escritorio del cliente y sacó una pluma fuente. Pero al quitar la tapa, la pluma chorreó tinta sobre el contrato, echándolo a perder.

El agente preparó otro contrato tan rápido como pudo, pero para cuando regresó, se le había cerrado la ventana de oportunidad. El cliente había cambiado de parecer y desistió de hacer negocios con el agente.

Aquel joven agente de seguros estaba tan disgustado con la pluma y con el problema que provocó que dedicó su tiempo al desarrollo de una pluma fuente confiable. Aquel joven agente de seguros era Lewis E. Waterman, y su empresa ha elaborado plumas y bolígrafos de primera por más de 120 años. No tan solo tomó una mala experiencia y la convirtió en una buena, sino que creó una empresa lucrativa y muy respetada como resultado de ello.

Eso sí es convertir un revés en un paso hacia adelante.

11

Abrace el cambio

El precio del aprendizaje

El cambio es difícil para todos nosotros, aunque es esencial si queremos cambiar nuestras pérdidas en ganancias. Ese es el precio que debemos de pagar a cambio del aprendizaje. Y no deje que nadie le diga que "loro viejo no aprende a hablar". Muchos entrenadores de animales han mostrado que esa premisa es falsa. Además, las ideas en este capítulo no están escritas para loros viejos ni se tratan de trucos. Son para personas como usted y yo que queremos cambiar, crecer y aprender. Podemos hacer estas cosas, si estamos dispuestos a pagar el precio.

POR QUÉ LAS PERSONAS SE RESISTEN AL CAMBIO

La mayoría de las personas no aceptan el cambio. Solía pensar que a los líderes les encantaba el cambio y los demás no. Ahora, tras décadas de enseñar a los líderes e invertir en ellos, he llegado a darme cuenta que los líderes resisten el cambio tanto como los seguidores, ¡a menos que el cambio sea idea suya! La verdad es que casi todos resisten el cambio. ¿Por qué? Porque...

El cambio puede sentirse como una pérdida personal

El novelista Andre Gide observó: "Uno no descubre nuevas tierras si no acepta perder de vista la orilla por mucho tiempo". Esa pérdida puede ser escalofriante, y a veces se siente como una pérdida personal. Pero la verdad del asunto es que aunque el cambio *podría* sentirse que es personal, no lo es. El mundo sigue cambiando y afecta a todos, lo quieran o no.

El poeta y filosofo Ralph Waldo Emerson tenía una perspectiva profunda acerca de esto. Él aseveró: "Por cada cosa que ganamos algo perdemos". Nos gusta ganar, pero no nos gusta perder. Nos gusta tener aquello, sin lo otro. Pero la vida no trabaja así. Todo comienzo da fin a algo. Continuamente estamos haciendo intercambios en la vida. Lamentablemente, si usted resiste el cambio, estará intercambiando su potencial de crecimiento por la comodidad. Cero cambio significa cero crecimiento.

El cambio se siente extraño

El cambio siempre se siente diferente. Como no es familiar, no suele sentirse que es lo correcto. Le voy a dar un ejemplo. Tome un momento ahora mismo y junte sus manos con los dedos entrelazados. Probablemente se sienta muy cómodo. ¿Por qué? Porque de manera natural usted coloca sus manos de cierta manera, con un pulgar sobre el otro. Ahora una sus manos del lado contrario, intercambiando la posición de sus pulgares y moviendo sus dedos a otra posición de la que usualmente se entrelazaban. ¿Cómo se siente eso? Probablemente es extraño. ¿Por qué? Usted nunca entrelaza sus manos así.

¿Está mal entrelazar sus manos de esta otra manera? No. ¿Es una manera inferior de entrelazar las manos? No. Tan solo es diferente. Y lo diferente puede sentirse extraño. Pero usted se *puede* acostumbrar a ello. ¿No me cree? Todos los días durante las próximas dos semanas, entrelace sus manos de la manera contraria a la que está acostumbrado. Al final de ese tiempo, se sentirá tan cómodo como si fuera su manera natural.

El cambio va en contra de la tradición

Cuando recibí mi primera posición de liderazgo dentro de una organización, no puedo decirle cuántas veces escuché la frase: "Nunca lo hemos hecho de esa manera antes". Parecía que cada vez que yo quería hacer alguna mejora, oía a alguien exaltar las virtudes de resistir el cambio. Ni decirles cuán frustrante fue eso, en particular cuando la persona que lo decía no podía decirme *por qué* se había hecho siempre de la manera que había sido hecho. No hay nada malo con la tradición, siempre y cuando la persona no sea esclava de ella. La persona que insiste en utilizar los métodos de ayer en el mundo de hoy no estará vigente mañana.

Algunas personas creen que nada debe de hacerse hasta que todos estén convencidos de que debe de hacerse. El problema con eso es que se demora tanto para convencerles que para cuando finalmente aceptan el cambio, es hora de moverse a alguna otra cosa. Con razón algunas personas piensan que el progreso es moverse en retroceso lento.

CÓMO RESPONDEN LAS PERSONAS AL CAMBIO

Como a las personas no les gusta el cambio, la mayoría de ellas no reaccionan bien a él. Y su respuesta crea más problemas para ellos. Esto es lo que quiero decir:

La mayoría de las personas cambian sólo lo suficiente para alejarse de los problemas, pero no lo suficiente para solucionarlos

La mayoría de las personas preferirían cambiar sus circunstancias para mejorar su vida cuando lo que necesitan es cambiar a sí mismas para mejorar sus circunstancias. Hacen tan solo el esfuerzo suficiente para distanciarse de sus problemas sin jamás ir a la raíz, la cual se encuentra en sí mismas. Por cuanto no tratan de cambiar la fuente de sus problemas, sus problemas regresan a ellos. Tanto el cambio positivo como la disposición para aprender son responsabilidades personales. Si quiere mejorar, tiene que tener la disposición para cambiar.

La mayoría de las personas hacen la misma cosa de la misma manera, sin embargo esperan resultados diferentes

Siempre que intentamos algo y fracasamos, ¿por qué seguimos intentando la misma cosa esperando algún resultado distinto? No hace sentido. ¿Qué esperamos cambiar? ¿Nuestra suerte? ¿Las leyes de la física? ¿Cómo mejorar nuestras vidas si no cambiamos? ¿Cómo mejorar si no nos exponemos a situaciones de crecimiento ni a las personas?

Nuestras vidas son como la planificación de un viaje a una ciudad distante. Fijamos un destino, trazamos nuestra ruta, y empezamos a conducir. Pero debemos saber que habrá desvíos y obstáculos en el camino. ¿Los ignoramos y fingimos que no existen? ¿Cuán exitosos seremos si pensamos: *Los obstáculos y condiciones tienen que ajustarse a mí porque yo no voy a cambiar*? No tendremos mucho éxito. Tenemos que estar dispuestos a hacer ajustes. La tenacidad es una cualidad fantástica. Pero la tenacidad sin la disposición a cambiar ni hacer los ajustes necesarios se convierte en dogmatismo, y lleva a callejones sin salida.

La mayoría de las personas ven el cambio como una necesidad dolorosa en lugar de una oportunidad útil

Seamos sinceros: el cambio es complicado. Pero la vida es cambio. Nacer fue doloroso. Aprender a comer fue caótico. Aprender a caminar fue difícil y doloroso. De hecho, la mayoría de las cosas que usted necesitaba para aprender a vivir se le hicieron difíciles. Pero cuando era un niño pequeño, no sabía, e hizo lo que tenía que hacer para crecer y aprender. Ahora que es un adulto, tiene una opción. ¿Quiere evitar la posibilidad de dolor o quiere soportarlo e ir en pos de la oportunidad? Cada vez que se aferra al cambio, existe una oportunidad de que pueda ir en dirección contraria, de superarse a sí mismo, y abandonar antiguas costumbres negativas y modos de pensar. El cambio permite que examine sus suposiciones, reconsidere sus estrategias, y edifique sus relaciones. Sin cambio no hay innovación, creatividad, ni superación. Si tiene la disposición y habilidad de dar inicio al cambio, tendrá una mejor oportunidad de lidiar con el cambio, que es inevitable para todos en la vida.

La mayoría de las personas no pagarán el precio inmediato del cambio y terminan pagando el precio final por no haber cambiado

El cambio siempre requiere algo de nosotros. Debemos pagar un precio por ello. De hecho, tanto el cambio como la superación continua requieren un pago constante. Pero el proceso comienza con el *primer* pago. Ese primer pago da lugar al proceso de crecimiento. Si ese primer precio permanece sin pagar, no hay crecimiento ni aprendizaje. ¿Y qué costará eso a fin de cuentas? Perderá el potencial y ganará los lamentos.

A medida que voy envejeciendo, me he dado cuenta que la mayoría de nuestros lamentos no serán el resultado de lo que hicimos. Nos llegarán debido a lo que pudimos o debimos haber hecho pero no hicimos. El precio final que pagamos se llama oportunidad perdida, y ese es un costo pesado.

La mayoría de las personas solo cambian cuando son impulsadas por una de tres cosas

A fin de cuentas, como las personas son tan resistentes al cambio, éste ocurre solo bajo ciertas condiciones. En mi experiencia, las personas cambian cuando:

- Están tan *heridos* que *tienen* que hacerlo
- *Aprenden* tanto que *quieren* hacerlo
- *Reciben* lo suficiente como para *poder* hacerlo

A menos que una de estas cosas ocurra, las personas no quieren cambiar. A veces, las personas requieren que las tres cosas les ocurran antes de estar dispuestas a cambiar.

HACER LOS CAMBIOS QUE CUENTAN

Si quiere maximizar su habilidad para pagar el precio del aprendizaje y posicionarse para cambiar, mejorar, aprender y crecer, entonces tendrá que hacer estas cinco cosas a continuación:

1. Cambiarse a sí mismo

Cuando realizaba mucha consejería matrimonial para parejas, descubrí que la mayoría de las personas entraban al proceso buscando que la otra persona cambiara.

Creo que esto es parte de la condición humana: buscar las faltas en los demás y minimizar las propias. Pero así no mejorará ninguna relación. Si quiere ver cambios positivos en su matrimonio, deje de buscar una mejor persona y conviértase en una mejor persona. Si quiere ver cambios positivos en su carrera, deje de buscar un mejor patrono y conviértase en un mejor empleado. En la vida, si quiere más, debe convertirse en más. Y si el cambiar su persona le parece abrumador, comience con algo pequeño.

2. Cambiar su actitud

Intentar cambiar a los demás es un ejercicio de futilidad. Nadie puede cambiar a otra persona. No siempre supe esto. Por muchos años, mi vida estuvo llena de decepciones debido a la falta de disposición para crecer de la otra persona. En última instancia, cualquier cosa que intente cambiar que esté fuera de su control le causará decepción. Peor aún, también he descubierto que cuando trato de cambiar aquellas cosas que están fuera de mi control, comienzo a perder control de aquellas cosas en mí que puedo cambiar, porque mi enfoque está incorrecto. Esa es una trampa que hay que evitar.

¿Cuál es la solución? Cambiar mi actitud. Eso está completamente dentro de mi control, y lo lindo es que este cambio puede ser un factor importante para cambiar mi vida de manera positiva. Al controlar mi propia actitud y comenzar a pensar correctamente, puedo minimizar los efectos negativos de quienes me rodean y tienen malas actitudes. Puedo dejar de tomarlo de manera personal cuando alguien en mi vida se niega a cambiar. Puedo ver oportunidades donde antes veía obstáculos. Y la mejor noticia es que, como dice el autor y conferenciante Wayne Dyer: "Cuando usted cambia la manera de mirar las cosas, las cosas que mira realmente comienzan a cambiar".

3. Cambiar las amistades que se niegan a crecer

Sus amigos extenderán su visión o ahogarán sus sueños. Algunos le inspirarán a alcanzar mayores alturas. Otros querrán que les acompañe en el sofá de la vida, en donde ellos hacen lo mínimo. Por cuanto no todos querrán que alcance el éxito, va a tener que tomar una decisión. ¿Va a permitir que las personas que no están creciendo le retengan? ¿O va a moverse hacia adelante? Esta decisión puede ser dolorosa y difícil, pero cambiará su vida para bien. Si quiere ser una persona que crece, necesita pasar tiempo con personas que están en crecimiento. Si quiere ser alguien que acepta el cambio positivo, necesita rodearse de aprendices positivos.

Hay muchos caminos en la vida que no llegan a ninguna parte. Y hay muchas personas que le invitarán a que les acompañe por ese camino. Sabia es la persona que fortalece su vida con las amistades correctas. Cada minuto que usted pasa con las personas equivocadas le roba el tiempo que tiene para pasar con las personas correctas. Cambie consecuentemente.

4. Decidir vivir de modo diferente a las personas promedio

Una de las preguntas importantes de la vida es: "¿Quién soy yo?". Pero más importante aún es la pregunta: "¿En qué me estoy convirtiendo?". Para contestar esa pregunta satisfactoriamente, debemos mantener un ojo puesto en donde estamos, y el otro en donde estaremos. La mayoría de las personas no hacen eso. Tienen un ojo puesto en donde estuvieron y el otro en donde están ahora. Esto les dice lo que son. (Algunas personas ni siquiera se examinan a sí mismas *tanto*.) Sin embargo, saber en qué se está convirtiendo requiere no solo que usted sepa dónde está ahora, sino también hacia dónde va y qué es lo que tendrá que cambiar para llegar allí.

Si tiene la determinación de cambiar y vivir una vida por encima y más allá del promedio, sepa que necesita hacer las cosas de manera distinta mientras sigue hacia adelante. Debe…

PENSAR DIFERENTE

Las personas exitosas son realistas acerca de sus problemas y encuentran maneras positivas para abordar el tiempo. Saben que la esperanza no es una estrategia.

MANEJAR SUS SENTIMIENTOS DE MODO DIFERENTE

Las personas exitosas no permiten que sus sentimientos determinen su conducta. Manejan de tal forma sus sentimientos que pueden hacer lo que tengan que hacer para crecer y poder seguir caminando hacia adelante.

ACTUAR DIFERENTE

La gente exitosa hace dos cosas que muchas otras personas no hacen: dan inicio a sus acciones y terminan lo que comienzan. Como resultado, forman el hábito de hacer las cosas que no hacen las personas que no tienen el éxito.

5. Desaprender lo que sabe para aprender lo que no sabe

El lanzador profesional de béisbol Satchel Paige decía: "No es lo que usted no sabe lo que le hace daño; es lo que sí sabe y que sencillamente no es así". Eso es muy cierto. Hay muchas cosas que cada uno de nosotros aprendemos que son equivocadas, y tenemos que desaprenderlas si queremos mejorar. Desaprender maneras equivocadas o antiguas de hacer las cosas puede ser difícil. Tendemos a apoyarnos de lo que sabemos, aun si no nos conviene. El secreto es permitirnos a estar equivocados y estar dispuestos a cambiar para bien. El psiquiatra David Burns lo dice así: "Nunca renuncie a su derecho a estar equivocado, porque entonces perderá la capacidad de aprender cosas nuevas y seguir adelante con su vida".

Tal vez haya oído el refrán que "si quiere algo que nunca ha tenido, tiene que hacer algo que nunca haya hecho". También es cierto que si quiere ser alguien que nunca ha sido, tiene que hacer cosas que nunca haya hecho. Esto significa cambiar lo que hace todos los días. Si quiere vencer, tiene que cambiar.

12

Benefíciese de la madurez

El valor del aprendizaje

¿Qué conseguirá si implementa todas las ideas que he estado tratando en este libro? ¡Recibirá la recompensa de la madurez: El valor del aprendizaje!

Cuando digo *madurez*, no me refiero a la edad. Muchas personas piensan que la madurez es el resultado natural del envejecimiento. Cuando se topan con una persona inmadura dicen: "Dele par de años y madurará". No necesariamente. La madurez no siempre va acompañada con la edad. ¡A veces la edad llega sola! No, para mí la persona madura es aquella que ha aprendido de sus pérdidas, ha ganado sabiduría, y posee una fuerte estabilidad mental y emocional ante las dificultades de la vida.

El autor William Saroyan observó: "Las buenas personas son buenas porque han llegado a la sabiduría a través del fracaso. Es que muy poca sabiduría se obtiene del éxito". Lo que Saroyan describe es este tipo de madurez. Para algunos, esa cualidad llega a una temprana edad. Para otros, nunca llega.

George Reedy, quien fue secretario de prensa del presidente Lyndon Johnson, convenció al presidente de que no debía tener ningún asistente que fuera menor de cuarenta años y que nunca hubiera sufrido ninguna decepción importante en la vida. ¿Por qué? Reedy creía que les faltaba la madurez requerida para asesorar al presidente. Las personas que nunca hayan superado importante pérdidas tienden a creerse invencibles. Comienzan a creer que son mejores de lo que realmente son y se inclinan a abusar de su poder. Todo aquel que haga una aportación importante a la vida sabe lo que es tener fracasos. La madurez se desarrolla con mayor frecuencia a causa de nuestras pérdidas que de nuestras ganancias. Pero lo que importa es *cómo* usted enfrenta las pérdidas. Las personas sufren pérdidas, cometen errores, y viven malas experiencias a cada rato sin desarrollar madurez.

LA FUENTE DE LA MADUREZ

Si deseas ganar el verdadero valor del aprendizaje que llega a través de la madurez, entonces tenga estas verdades en mente:

1. La madurez es el resultado de encontrar el beneficio en la pérdida

Primero, tiene que *aprender* de sus errores y pérdidas. Ese ha sido el tema común a lo largo de este libro. Aprender es lo que ha hecho el inversionista Warren

Buffett. Hoy día, la gente lo conoce como uno de los hombres más ricos del mundo. Este hombre ilustre ha ganado respeto por su destreza financiera y su sabiduría, pero esas cualidades llegaron como resultado de aprender de sus pérdidas. Él dice: "Cometo muchos errores y cometeré muchos más también. Eso es parte del juego. Sencillamente tiene que asegurarse de que las cosas correctas superen las incorrectas".

Entre los errores de Buffet se incluyen: pagar demasiado por un negocio (Conoco Phillips y USAir), invertir en empresas que se estaban hundiendo (Blue Chip Stamp), perder grandes oportunidades (Capital Cities Broadcasting), contratar a administradores ineptos, y dirigir operaciones él mismo cuando no debió hacerlo. Sin embargo, una de las razones por la cual es tan exitoso frente a sus pérdidas es porque aprende de sus errores pero no se enfoca en ellos. Creo que la clave para ser libre de las ataduras de los errores y fracasos pasados es aprender la lección y olvidar los detalles. Eso no tan solo produce avance mental sino libertad emocional.

Aprender de nuestros errores es maravilloso, pero vale poco si no sabe convertir la lección en un *beneficio*. Eso llega cuando tomamos lo que hemos aprendido y lo aplicamos a nuestras acciones futuras. Eso es lo que he tratado de hacer, aunque me tomó un tiempo aprender a hacerlo. He aquí algunos ejemplos de las dificultades que enfrenté, cómo me afectaron emocionalmente, y cómo traté de cambiar mi pensamiento y encontrar el beneficio de la experiencia:

- **Cuando estuve abrumado escribiendo un comentario bíblico:** Me sentí desanimado, quise renunciar, y me definí a mí mismo como débil. Sin embargo, seguí trabajando, conseguí ayuda, y adquirí maneras nuevas de aprender. El beneficio de la experiencia: me redefiní como tenaz. Y jamás permití que los retos de un proyecto de libro me impidieran seguir adelante hasta terminarlo.
- **Cuando sufrí un ataque al corazón:** Aprendí que tomé por sentada mi salud. Me definí a mí mismo como un indisciplinado, y me preocupé por lo que el futuro pudiera depararme. Pero permití que la experiencia cambiara lo que comía y la manera en que me ejercitaba. Comencé a nadar a diario. Me redefiní como disciplinado en esta área por primera vez en mi vida. El beneficio de la experiencia: vivo una vida saludable todos los días para tener años adicionales con mi esposa Margaret, nuestros hijos y nuestros nietos.
- **Cuando murió mi madre:** Perdí a la persona que me dio amor incondicional todos los días durante los primeros sesenta y dos años de mi vida. Estaba abrumado. Me sentí perdido. ¿Cuántas personas tienen a alguien así en sus vidas? ¡Y perderla! Pero entonces me di cuenta del regalo que ella fue, y me sentí agradecido. El beneficio de la experiencia: me determiné a ser esa persona amorosa e incondicional en las vidas de más personas.

- **Cuando perdí un millón de dólares en una mala decisión de negocios:** Me sentí horrible porque tuvimos que vender algunas inversiones para cubrir las pérdidas, y realmente no podíamos costearlo. Me reprendí porque pensé que había sido demasiado descuidado. El beneficio de la experiencia: hice algunos cambios necesarios en mi proceso de toma de decisiones, y me sentí mucho más sabio a causa de la experiencia.

Estas experiencias claves me cambiaron. Me brindaron lecciones, y me beneficié cuando apliqué esas lecciones. Cuando era joven, pensé erróneamente que cuando envejeciera y ganara experiencia, cometería menos errores y sufriría menos pérdidas. Eso no ha sido cierto. Lo que he descubierto es que aún cometo errores y sufro pérdidas, pero aprendo más rápidamente de ellas y, emocionalmente, puedo cambiar la página mucho más rápido.

Si quiere derivar los beneficios aprendidos de sus errores y pérdidas, no permita que los mismos le tomen por cautivo emocionalmente. El banquero y conferenciante Herbert V. Prochnow afirmó: "El hombre que nunca comete un error recibe sus órdenes de quien los comete". ¿Por qué? Porque la persona que avanza en su carrera toma riesgos, fracasa, aprende, y aplica la lección para ganar el beneficio. Observe a cualquier persona exitosa, y verá a alguien que no ve el error como un enemigo. Si tiene algún remordimiento, probablemente se parece al de la actriz Tallulah Bankhead, quien dijo: "Si tuviera que volver a vivir mi vida otra vez, cometería los mismos errores, sólo que más pronto".

2. La madurez es el resultado de aprender a alimentar las emociones correctas

Creo que dentro de cada uno de nosotros hay emociones tanto positivas como negativas. Hay quienes enseñan que debemos eliminar todo sentimiento negativo de nuestras vidas, pero yo nunca he podido lograr eso. Lo he intentado, pero he determinado que simplemente no puedo. Sin embargo, lo que *puedo* hacer es nutrir los pensamientos positivos hasta que dominen los pensamientos negativos.

Se dice que el general George Patton, un soldado valiente del Ejército de los Estados Unidos durante la Segunda Guerra Mundial, se consideraba a sí mismo cualquier otra cosa menos valiente. Cuando un oficial halagó sus actos heroicos, Patton alegadamente respondió: "Señor, no soy un hombre valiente. La verdad del asunto es que normalmente soy un cobarde de corazón. Nunca he estado en la cercanía de batallas o del sonido de las balas en toda mi vida sin que haya tenido miedo. Constantemente tenía sudor en las palmas y un nudo en la garganta". ¿Cómo es que alguien tan temeroso podía ser tan valiente? Alimentó las emociones correctas. O como dijo el mismo Patton: "Aprendí, muy temprano en la vida, a no seguir el consejo de mis temores".

Trato de alimentar las emociones correctas dentro de

mí, *actuando* con la emoción que quiero que domine. "Todos los días, haga algo que no quiera hacer", aconsejó el autor Mark Twain. "Esa es la regla de oro para adquirir el hábito de ejercer su deber sin dolor". Actuar con la emoción correcta le elevará al éxito. Actuar con la emoción incorrecta le conducirá al fracaso.

Una vez almorcé con Dom Capers, el exitoso entrenador de la liga de fútbol americano NFL. Una de las cosas que él dijo durante nuestra conversación fue: "La madurez es hacer lo que está supuesto a hacer, cuando se supone que lo haga, no importa cómo se sienta". Eso es cierto. La clave del éxito es la acción. Con demasiada frecuencia queremos sentir para actuar, cuando en realidad deberíamos actuar para sentir. Si hacemos lo correcto, eventualmente sentiremos las emociones correctas.

3. La madurez es el resultado de aprender a desarrollar buenos hábitos

Og Mandino, autor de *El vendedor más grande del mundo* dijo: "En realidad, la única diferencia entre aquellos que han fracasado y los que han alcanzado el éxito estriba en la diferencia de sus hábitos". Al alentar las emociones correctas en nosotros mediante la acción positiva durante un plazo sostenido de tiempo, podemos formar el hábito de tomar la acción correcta. Con frecuencia, eso lleva a resultados positivos adicionales. Como dice el poeta John Dryden: "Primero formamos nuestros hábitos, y luego nuestros hábitos nos forman a nosotros".

Los buenos hábitos requieren disciplina y tiempo para desarrollarse. Las personas en carreras de mucha presión parecen aprender esta lección temprano, o no alcanzan los niveles más altos del éxito. Por ejemplo, en el patinaje sobre hielo llaman a esto "mantenerse en su programa". Cuando un patinador comete un error o se cae durante una rutina, está supuesto a levantarse inmediatamente, y entrar a su programa, sea que esté compitiendo en las Olimpiadas frente a un grupo de jueces con ojo de águila y millones de televidentes, o practicando en la soledad de la madrugada. Requiere enfoque y la habilidad de vivir en el momento. ¿Por qué es eso importante? Porque para alcanzar el éxito a ese nivel, no puede permitir que un reto le descarrile. Tiene que cultivar el hábito de ejecutar y dar seguimiento.

Si queremos ganar el valor del aprendizaje, tenemos que desarrollar el hábito de ejecutar a un alto nivel, llueva o truene, sea en éxito o fracaso, en la decepción o el avance. Necesitamos escuchar el consejo del ganador del Premio Nobel de la paz, Fridtjof Nansen, quien dijo: "¿No ha tenido éxito? ¡Siga! ¿Tuvo éxito? ¡Siga!"

4. La madurez es el resultado de aprender a sacrificarse hoy para tener éxito mañana

He tocado este punto antes, pero vale la pena repetirlo. Hay una conexión definitiva entre el éxito de una persona y su disposición a hacer sacrificios. En el 2012, el autor Arthur C. Brooks escribió una columna para el *Wall Street Journal* que tocó este tema. En ella,

Brooks afirma: "Las personas que no pueden posponer la gratificación actual tienden a fracasar, y el sacrificio mismo es parte del éxito empresarial". Cita un estudio del 1972 en el cual el psicólogo de Stanford, Walter Mischel, llevó a cabo un experimento con niños pequeños y malvaviscos. Los investigadores ofrecían a los niños un malvavisco, pero les decían que podían recibir un segundo malvavisco si duraban quince minutos sin comerse el primero. Dos terceras partes de los niños no pudieron esperar.

Una de las cosas más interesantes acerca del estudio fue lo que los investigadores descubrieron años después. Cuando les dieron seguimiento a los niños para ver cómo estaban saliendo con sus vidas, encontraron que: los niños que postergaron su gratificación, en promedio, habían sacando 210 puntos más en las pruebas de admisión a la universidad; tenían menos indicio de abandonar los estudios universitarios; conseguían mayores ingresos; y tenían menos problemas con el alcohol y las drogas.

Brooks explica algunas de las implicaciones de la investigación. Él escribe:

> Pero la evidencia va más allá del descubrimiento de que las personas que pueden posponer la gratificación tienden a ir bien en general. Cuando escuchamos de empresarios exitosos, siempre es como si hubieran tenido el toque de Midas. Un muchacho universitario con granos en la cara cuece

una empresa en la Internet durante una aburrida conferencia en Harvard, y antes del almuerzo es multimillonario. En la vida real no es así como funciona. El profesor de la Universidad Northwestern, Steven Rogers, ha demostrado que el empresario promedio fracasa aproximadamente cuatro veces antes de tener éxito.

Cuando se les pregunta acerca de su éxito definitivo, los empresarios con frecuencia hablan sobre la importancia de sus dificultades... Cuando le pregunté al legendario fundador de la empresa de inversiones Charles Schwab acerca del éxito de la corporación de 15 mil millones de dólares que lleva su nombre, él me contó la historia de haber tenido que pedir una segunda hipoteca sobre su casa solamente para hacer los pagos de los sueldos en los primeros años.

¿Por qué este énfasis en la lucha? Los empresarios saben que cuando hacen sacrificios están aprendiendo y mejorando, exactamente lo que necesitan hacer para ganarse el éxito mediante sus méritos. Todo sacrificio y gratificación pospuesta les hace ser más sabios y mejores, demostrándoles que no están obteniendo nada gratuitamente. Cuando el éxito llega finalmente, ellos no cambiarían los primeros tiempos por ninguna otra cosa, incluso si se sentían desgraciados en ese momento.[7]

La disposición a sacrificarse no llega fácil, las personas por naturaleza tienden a adoptar conductas que les hagan sentirse bien. A todos les gusta la comodidad, el placer y el entretenimiento, y tienden a querer volver a experimentar esas cosas. Si hacemos esto repetidamente, nos podemos aburrir o volvernos adictos y buscar mayores placeres. Para algunas personas, esto se vuelve en una búsqueda de toda la vida. Pero hay un problema con esto: una persona que no puede sacrificarse jamás pertenecerá a sí misma; pertenece a aquello que no estuvo en la disposición de dejarlo. Si quiere desarrollar la madurez y ganar el valor del aprendizaje, tiene que aprender a sacrificar algunas cosas hoy para mayores cosas mañana.

5. La madurez es el resultado de aprender a ganarse respeto para sí mismo y los demás

La palabra *estimar* significa "apreciar el valor de, o tener en alta estima, tener respeto genuino". Así que en realidad la *autoestima* realmente significa "respeto por sí mismo". Eso proviene de nuestro carácter. Nos sentimos bien acerca de nosotros mismos cuando tomamos las decisiones correctas, independientemente de las circunstancias. De hecho, si nuestra conducta es positiva frente a las circunstancias negativas, esto crea carácter y respeto por sí mismo. Esto proviene del interior de cada uno de nosotros. Y mientras mejor preparados estamos para enfrentar nuestros problemas, mayor es la madurez y la oportunidad de que podamos aprender y crecer.

El autor y conferenciante Brian Tracy dice: "La autoestima es la reputación que tiene para consigo mismo". Si quiere que sea una relación sólida y duradera, tiene que ser ganada y confirmada, día tras día. Se produce de adentro hacia afuera. Y cuando es sólida, usted sabe que fuerzas externas vendrán contra usted y no le sacudirán.

Fred Smith, un mentor mío por muchos años, solía decirme: "No creo que Dios esté tan interesado en nuestro éxito como en nuestra madurez". Yo creo eso. Si desea la madurez, aun más que el éxito, entonces permanezca fiel a sí mismo, aprenda de sus errores, y siga caminando hacia adelante. Eso le dará madurez, independientemente de su edad.

13

Ganar no lo es todo, pero el aprendizaje sí lo es

Recuerdo haber leído una tira cómica titulada *For Better or Worse* [En lo bueno y lo malo] en la que un niño juega ajedrez con su abuelo. "¡Oh, no! ¡No otra vez!", grita el niño. "¡Abuelo, tú siempre ganas!".

"¿Qué quieres que haga?", responde el abuelo, "¿que pierda a propósito? No aprenderás nada si hago eso".

"No quiero aprender nada", se queja el niño. "¡Tan solo quiero ganar!".

Tan bien como cualquiera otra cosa que yo haya visto antes, eso captura el sentir de la mayoría de nosotros. ¡Tan solo queremos ganar! Pero la verdad es que ganar no lo es todo, lo es el aprendizaje.

PENSAMIENTOS FINALES SOBRE EL APRENDIZAJE

El autor Doug Adams dijo: "Se vive y se aprende. De todos modos, se vive". Es posible ganar y no aprender. Sin embargo, para las personas que ubican el ganar por encima del aprendizaje, la vida les será difícil. Para los que ubican el aprendizaje por encima de ganar, la vida será gratificante, y probablemente serán recompensados con éxito como resultado de su crecimiento.

Mi propósito al escribir este libro ha sido para ayudarle a aprender: de sus pérdidas, sus fracasos, sus errores, sus retos y sus malas experiencias. Quiero que sea un continuo ganador al ser un aprendiz habitual. Para ayudarle con eso, quiero compartir unos pensamientos finales respecto al aprendizaje para ayudar a guiarle de aquí en adelante.

1. El aprendizaje con frecuencia disminuye a medida que el ganar aumenta

Autosuficiencia: ese es el peligro que enfrenta cualquier persona exitosa. El fundador de Microsoft, Bill Gates, observó: "El éxito es una mala maestra. Hace a la gente inteligente creer que no pueden perder". También les hace pensar que no tienen que aprender.

El mayor estorbo al éxito de mañana es el éxito de hoy. Ese problema se puede manifestar de muchas maneras. He aquí las que he observado con mayor frecuencia:

- *Ya llegué, ya hice eso:* Algunas personas alcanzan un hito, y lo convierten en una lápida. Se aburren, pierden su curiosidad, y se desconectan. No permita que eso le ocurra.
- *El tour del banquete:* Cuando usted tiene éxito, las personas quieren oír su historia. Sin embargo, hay

un gran peligro de que pueda reemplazar el hacer con el hablar.

- *El éxito garantiza el éxito:* El hecho de que usted pueda hacer algo bien no significa que las pueda hacer todas bien. Cuando triunfe, mantenga la perspectiva.
- *El mito del ímpetu (momentum):* La inclinación natural de las personas es de descansar después de ganar. Mala idea. Cuando usted esté ganando, capitalice el ímpetu. Podrá hacer cosas que de otro modo podrían ser imposibles.
- *Las maravillas únicas:* ¿Ha conocido a alguien que fue exitoso *una sola vez,* y sigue viviendo de las rentas? Es buena idea *construir* a partir del ayer, pero no *vivir* de él.
- *La mentalidad de tener derechos:* Las personas que tienen algo que no se ganaron por cuenta propia comienzan a pensar que tienen derecho a más. Por eso es que muchas empresas heredadas *quiebran*. Para seguir ganando, hay que seguir con hambre y dispuestos a aprender.
- *Jugar para no perder:* Después que algunos ganan, se vuelven cautelosos y defensivos. Se preocupan por mantenerse en la cima. Al no querer hacer algo estúpido, hacen algo estúpido. Se enfocan en no perder en lugar de ganar.

- *El estancamiento de la llegada:* Algunas personas se enfocan tanto en una meta específica que cuando la alcanzan abandonan, porque creen que ya llegaron. Esa mentalidad tiene la capacidad de destruirlos.

Cualquiera de esas actitudes incorrectas hacia ganar puede cambiar a un ganador en un perdedor rápidamente. Si quiere seguir aprendiendo y creciendo, necesita mantener el hambre. Dependiendo de su personalidad, ganar puede mitigar su hambre de volver a ganar. Entonces, mantenga su hambre por aprender. Entonces, independientemente de si gana o pierde, usted seguirá mejorando.

2. El aprendizaje es posible solo cuando cambia nuestro modo de pensar

¿Se ha preguntado alguna vez por qué tantas personas que ganan la lotería pierden todo su dinero? Esto sucede constantemente. Un día tienen en sus manos un cheque por millones de dólares, y unos años después lo han perdido todo. ¿A qué se debe eso? La razón por la cual pierden su dinero es porque no cambian su modo de pensar. Podrían haber recibido dinero nuevo, pero siguen aferrados a su manera vieja de pensar. No es lo que tenemos lo que determina nuestro éxito. Es nuestro modo de pensar. Si ellos dejaran su modo viejo de ver la vida, entonces podrían retener su dinero.

He notado tres patrones particulares de pensamiento positivo de personas que siempre están aprendiendo.

Adóptelas, y podrá seguir cambiando su modo de pensar de modo que siga aprendiendo:

NO PERMITIR QUE LO QUE USTED SABE LE HAGA PENSAR QUE SABE

El escritor y filosofo J. Krishnamurti aseveró: "Saber es ser ignorante. No saber es el principio de la sabiduría". En la medida que triunfe, aprenda y crezca, usted se enfrenta a un peligro genuino de pensar que se lo sabe todo. ¡No deje que eso ocurra! Sencillamente, no puede aprender lo que cree que ya sabe.

Una de las cosas que me mantiene entusiasmado acerca del aprendizaje de nuevos pensamientos de liderato es mi pasión por el tema. Sigo haciendo a otros líderes preguntas acerca de liderazgo. Aún sigo explorando. No estoy cerca de saberlo todo, y creo que jamás lo estaré. No quiero estar cerca. Quiero morir haciendo preguntas y queriendo aprender más. Debe tener la misma pasión respecto al propósito con el cual se le depositó en esta Tierra. Si puede mantener una mentalidad de principiante hasta el fin, su pensamiento seguirá cambiando y seguirá creciendo.

MANTENER UNA ACTITUD MENTAL POSITIVA

El escritor y pensador G.K. Chesterton dijo: "Nuestro modo de pensar cuando perdemos determina cuánto tiempo pasará hasta que ganemos". Yo creo que una parte integral del tipo de pensamiento correcto proviene de permanecer positivo. ¿Y cómo se hace eso?

Continuamente alimente su mente de pensamientos positivos mediante la lectura de libros positivos, recopile citas positivas, y escuche mensajes positivos. Cuando hace eso, abastece su mente con bastante material positivo, y puede mantener su mente enfocada en las cosas que le motivarán.

Cuando las ideas negativas y los pensamientos desalentadores quieran entrar y hacer que esté negativo, ya habrá creado una barrera contra ello. Piense positivamente por suficiente tiempo, y no tan solo serán sus pensamientos positivos más fuertes que los negativos, sino que serán más cómodos también.

Mantener una actitud mental consistentemente positiva será su mayor aliado en el crecimiento y el aprendizaje. Si puede permanecer positivo, entonces no se aturdirá cuando las cosas vayan mal. Su actitud será: *Lo peor que podría sucederme hoy podría conducir a lo mejor que suceda hoy.*

ACEPTAR LA CREATIVIDAD EN CADA SITUACIÓN

La creatividad es la capacidad para liberarse a sí mismo de límites imaginarios, ver nuevas relaciones, y explorar opciones a fin de poder lograr más cosas de valor. Lo que retiene a las personas de lograr todo su potencial son todas las barreras imaginarias que han permitido que aprisionen su pensar y su hacer. Las opciones maravillosas y prácticas son las recompensas de llegar a ser más creativos. Un mayor aprendizaje proviene de pensar mejor. Eso requiere que cambiemos.

3. El verdadero aprendizaje se define como un cambio de conducta

La mayor brecha en la vida existe entre saber y hacer. No puedo contar la cantidad de personas que he conocido que *saben* lo que tienen que hacer, pero no toman acción al respecto. A veces se debe al temor. En otras ocasiones se debe a la pereza. En otras ocasiones se debe a la disfunción emocional. El problema es que saber qué hacer y *no* hacerlo no es mejor que no saber qué hacer. Termina en el mismo resultado. El estancamiento. Usted realmente no ha aprendido algo hasta que lo ha vivido. O como dijo el poeta Ralph Waldo Emerson: "La vida es una sucesión de lecciones que deben ser vividas para ser entendidas".

Mi amigo Dave Ramsey, un experto financiero que escribe libros, da seminarios y es anfitrión de un programa de radio con difusión nacional, le da mucho valor a la acción cuando enseña y aconseja a las personas respecto al dinero y las finanzas. Durante una entrevista reciente indicó: "Lo que he descubierto es que la finanza personal es ochenta por ciento conducta. Todos tratan de resolver los problemas financieros con matemática. Pero no es un problema de matemática, y no es un problema de conocimiento. Es un problema de conducta. El problema con mi dinero es el idiota con quien me afeito en las mañanas. Si puedo logar que ese tipo en el espejo se comporte, entonces puede ser delgado y rico. No se trata de magia".[8] Eso es cierto. Convertir el aprendizaje en una conducta cambiada no es magia. Pero es mágico. Puede transformar su vida.

4. El éxito continuo es un resultado de caer y aprender continuamemte

La maestra de Chicago Marva Collins dice: "Si usted no puede cometer un error, no puede lograr nada". Cuán cierto es. Si quiere tener éxito, debe estar dispuesto a fracasar, y debe tener la intención de aprender de esos fracasos. Si estamos dispuestos a repetir este proceso de fracasar y aprender, nos volveremos más fuertes y mejores de lo que éramos antes.

En su libro *Las grandes lecciones de la vida,* Hal Urban describe este proceso. Lo llama "Fuerte en los lugares rotos".

Urban escribe:

> Cerca del final de *Adiós a las armas,* la famosa novela de Ernest Hemingway sobre la Primera Guerra Mundial, escribió: "El mundo rompe a todos y luego muchos son fuertes en los lugares rotos". El mundo, ciertamente, quebranta a todos, y normalmente no es solamente una vez. Pero al igual que un hueso roto es más fuerte al sanar, así también nosotros. Podemos volvernos más fuertes en nuestros lugares rotos si escogemos aprender de nuestros errores, corregir nuestro rumbo, y volver a intentarlo. Nuestros fracasos en la vida, por muy dolorosos que sean, pueden ser nuestras experiencias de aprendizaje más valiosas y nuestra mayor fuente de fortaleza renovada. Como dijo el

general George S. Patton: "El éxito es cuán alto usted rebota después de tocar fondo".[9]

Mi esperanza para usted es que rebote alto, y siga rebotando. Con cada rebote sucesivo, podrá ir cada vez más alto y más lejos. Como dice el autor y empresario, Joseph Sugarman: "Si está dispuesto a considerar el fracaso y aprender de él, si está dispuesto a considerar el fracaso como una bendición disfrazada y rebotar, tiene usted el potencial de agarrar una de las fuerzas más potentes para el éxito".

ENFÓQUESE Y ARRIÉSGUESE CUANDO GANE, PIERDA Y APRENDA

A medida que avance en la vida y trabaje para alcanzar el éxito, recuerde que el progreso requiere riesgo, conduce al fracaso, y brinda muchas oportunidades de aprendizaje. Siempre que intente algo nuevo, debe arriesgarse. Eso es una parte del aprendizaje. Pero existe el arte de manejar ese riesgo, y proviene de la coordinación exitosa de las dos zonas para el éxito que tiene usted en su vida: su zona de fortaleza, en donde hace su mejor trabajo; y su zona de comodidad, en donde siente seguridad.

Para maximizar su éxito, tiene que aprovechar sus éxitos y fracasos al máximo. Para hacer eso, tiene que entrar en su zona de fortaleza pero salirse de su zona de comodidad. Échele un vistazo a cómo funciona esto:

ZONA DE FORTALEZA	ZONA DE COMODIDAD	RESULTADO
Afuera de su zona de fortaleza	Afuera de su zona de comodidad	Pobre rendimiento—El triunfo es imposible
Afuera de su zona de fortaleza	Adentro de su zona de comodidad	Rendimiento mediocre—El triunfo es imposible
Adentro de su zona de fortaleza	Adentro de su zona de comodidad	Buen rendimiento—El triunfo es posible
Adentro de su zona de fortaleza	Afuera de su zona de comodidad	Gran rendimiento—El triunfo es continuo

La sabiduría tradicional, y francamente, el enfoque de la mayoría de la educación, está en fortalecer sus debilidades. Pero no es ahí en donde hará su mejor trabajo. Las personas no alcanzan el éxito si enfocan su tiempo y su esfuerzo fuera de sus zonas de fortaleza. Tiene que destacar sus fortalezas. Es ahí en donde reside su productividad. El trabajo reciente de la organización Gallup realza esto y se discute extensamente en los libros *Strengths Finder* [Buscador de fortalezas] y en los instrumentos de prueba que han publicado.

Aunque es cierto que sus mayores éxitos estarán en su zona de fortaleza, también es cierto que sus mejores fracasos se producirán ahí. ¿Por qué digo eso? Porque usted se recuperará con la mayor rapidez y aprenderá más donde su talento y sus capacidades sean más fuertes. Por ejemplo, una de mis mayores fortalezas es la comunicación. Digamos que pruebo algo nuevo en la plataforma cuando estoy hablando a una audiencia, y fracaso miserablemente. Probablemente seré capaz de descubrir lo que fue mal con mucha rapidez. Incluso podría ser capaz de diagnosticar el problema y realizar los ajustes necesarios mientras sigo estando sobre la plataforma hablando. Y debido a que estoy trabajando en mi fortaleza, entenderé el problema y no repetiré lo que hice erróneamente.

Como contraste, digamos que tengo un problema con mi auto. Estoy conduciendo por la carretera y algo se estropea. Lo único que sé hacer en esa situación es comprobar el medidor de gasolina. Si ese no es el problema, no tengo absolutamente ninguna posibilidad de saber cómo arreglarlo. Lo único que puedo hacer en esa situación es llamar a mi mecánico. E incluso si él me explica *exactamente* lo que está mal, no habrá nada que yo pueda hacer al respecto si se produce otra vez en el futuro. ¿Por qué? Porque está totalmente fuera de mi zona de fortaleza.

Estoy seguro de que el proceso es parecido para usted.

Si está fuera de su zona de fortaleza, un problema es un misterio. Si está en su zona de fortaleza, un problema es un desafío, una experiencia de aprendizaje y un camino hacia la superación. Por eso necesita usted salir de su zona de comodidad asumiendo riesgos a la vez que trabaja en su zona de fortaleza. Cuando usted toma riesgos, aprende cosas con mayor rapidez que las personas que no toman riesgos. Usted experimenta. Aprende más sobre lo que funciona y no funciona. Vence obstáculos más rápidamente que las personas que juegan a lo seguro, y es capaz de edificar sobre esas experiencias.

SEGUIR ESCALANDO

La educación más elevada que recibirá jamás vendrá al asumir riesgos en su zona de fortaleza. Asumir riesgos sin capacidad conduce a una mayor frustración y continuo fracaso. Asumir riesgos con capacidad conduce a un mayor aprendizaje y éxito.

Yo no sé cuál es su Monte Everest personal, aquello para lo que fue puesto en esta tierra. Todo el mundo tiene uno. Pero si sé lo siguiente: gane o pierda, necesita intentar llegar a la cumbre. Si no lo hace, siempre lo lamentará. A medida que envejezca, descubrirá que se siente más defraudado por las cosas que no intentó que por las cosas que intentó pero no pudo lograr. Y aquí está la mejor noticia. En cada paso del camino hay algo que aprender. Usted está matriculado en una escuela informal a jornada completa llamada vida. En ella, no hay errores, solamente lecciones. El crecimiento es un proceso de prueba y error, experimentación y superación. Los experimentos fallidos son igualmente parte de ese proceso como los que funcionan.

Las lecciones que tenga la oportunidad de aprender le serán presentadas en diversas formas. No aprenda la lección y se quedará atascado, incapaz de avanzar. Aprenda la lección y avanzará y pasará a la siguiente. Y si lo hace correctamente, el proceso nunca termina. No hay ninguna parte de la vida que no contenga lecciones. Si está usted vivo, eso significa que sigue teniendo oportunidades por delante para aprender. Tan sólo tiene que estar dispuesto a abordarlas. Tiene todas las herramientas y los recursos que necesita, así que la decisión es suya. Otros le darán consejos; algunos incluso puede que le ayuden, pero es usted quien tiene que hacer la prueba. A veces ganará. A veces perderá. Pero cada vez tendrá la oportunidad de preguntarse: "¿Qué he aprendido?". Si tiene siempre una respuesta para esa pregunta, entonces llegará lejos. Y disfrutará del viaje. Usted habrá aprendido cómo las personas exitosas ganan.

NOTAS

1. Charlotte Foltz Jones, *Mistakes That Worked (Errores que funcionaron)* (Nueva York: Doubleday, 1991), introducción.
2. Patricia Sellers, "So You Fail. Now Bounce Back! (Así que fracasó. ¡Entonces rebote!)" CNNMoney, 1ro. de mayo, 1995, http://money.cnn.com/magazines/fortune/fortune_archive/1995/05/01/202473/index.htm, consultado en línea el 27 de agosto del 2012.
3. Frances Cole Jones, *The Wow Factor: The 33 Things You Must (and Must Not) Do to Guarantee Your Edge in Today's Business World (El factor surpresa: Las 33 cosas que debes –y no debes– hacer para garantizar tu ventaja en el mundo empresarial de hoy* (Nueva York: Ballantine Books, 2009), pgs. 30–31.
4. Kevin Kelly, "The Speed of Information (La velocidad de la información)," *The Technium* (blog), 20 de febrero del 2006, http://www.kk.org/thetechnium/archives/2006/02/the_speed_of_in.php, consultado en línea el 29 de agosto del 2012.
5. Jonathan Sacks, *The Dignity of Difference: How to Avoid the Clash of Civilizations* (La dignidad de la diferencia: cómo evitar el choque de civilizaciones) (New York: Continuum, 2002), pág. 206.
6. Robert H. Schuller, *Tough Times Never Last, But Tough People Do!* (Los tiempos difíciles no perduran, pero las personas fuertes sí) (New York: Bantam Books, 1984), pág. 73.

7. Arthur C. Brooks, "Obama's Budget Flunks the Marshmallow Test (El presupuesto de Obama reprueba la prueba del malvavisco)", *Wall Street Journal*, 24 de febrero, 2012, http://online.wsj.com/article/SB10001424052 970204880404577229220571 408412.html, consultado en línea el 8 de octubre del 2012.
8. "Mentors: Dave Ramsey (Mentores: Dave Ramsey)", revista *Success*, Edición Septiembre-Octubre del 2006, pág. 40.
9. Hal Urban, *Life's Greatest Lessons: 20 Things That Matter* (Las lecciones más grandes de la vida: 20 cosas que importan) (Nueva York: Fireside, 2003), pág. 156.

La serie de mayor éxito de John C. Maxwell

Libros compactos perfectos para una lectura rápida en el mundo agitado de hoy

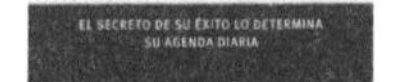

Disponibles en cualquier tienda de libros.